...NAIRE

DE

POLICE MUNICIPALE

ou

LOIS ET ARRÊTS

DE LA COUR DE CASSATION

RELATIFS À CETTE PARTIE

MIS PAR ORDRE ALPHABÉTIQUE

Par L.-J. Leclaire-Jolly,

Huissier à Bray-sur-Seine.

PARIS,

RAYNAL, LIBRAIRE,

RUE PAVÉE-SAINT-ANDRÉ-DES-ARCS, N° 13.

1826.

DICTIONNAIRE

DE

POLICE MUNICIPALE.

PROVINS, IMPRIMERIE DE LEBEAU.

DICTIONNAIRE

DE

POLICE MUNICIPALE,

OU

LOIS ET ARRÊTS

DE LA COUR DE CASSATION

RELATIFS A CETTE PARTIE,

MIS PAR ORDRE ALPHABÉTHIQUE,

Par L.-J. Leclaire-Jolly,

Huissier à Bray-sur-Seine.

PARIS,

RAYNAL, LIBRAIRE,

RUE PAVÉE-SAINT-ANDRÉ-DES-ARCS, N° 13.

1826.

AVIS DE L'AUTEUR.

Cet Ouvrage, tout de compilation, comprend la généralité des lois relatives à la police municipale, tant sous le rapport des peines que sous ceux de l'instruction et du jugement de chaque affaire; la compétence des juges de paix et des maires, comme juges de police; la forme des procès-verbaux, la nature des preuves à fournir, les devoirs des gardes, commissaires de police, adjoints et maires; les cas d'appel, de cassation; les délais et les formes du pourvoi; les divers cas de confiscation, de responsabilité, de solidarité; les prescriptions; enfin, tout ce qui forme cette jurisprudence y est prévu et rapporté, tant par le texte des différentes lois de la matière, que par l'analyse des arrêts de cassation qui y ont rapport.

Il n'est aucun magistrat, chargé de constater ou de réprimer les contraventions, qui ne trouve, dans ce dictionnaire, une économie considérable de tems. Ce seul motif a déterminé le travail de l'auteur; s'il a réussi, il a atteint tout le but qu'il s'était proposé.

DICTIONNAIRE

DE

POLICE MUNICIPALE.

AC.

ACTES ADMINISTRATIFS. — TRIBUNAUX. — COMPÉTENCE. Les tribunaux ne sont pas compétens pour connaître du mérite d'un arrêté pris par un maire, relativement aux réparations des chemins vicinaux, attendu que la loi du 16 frimaire an 3 interdit formellement aux tribunaux de connaître des actes d'administration ; que leur pouvoir se borne à en assurer l'exécution, lorsqu'ils ont été rendus dans le cercle des attributions conférées par la loi aux divers agens de l'autorité administrative.

L'amende encourue pour contravention à cet arrêté est de 1 à 5 fr. (*Article 471, n° 5, du code pénal. Arrêt de cass., des 24 décembre 1813 et 17 février 1814.*)

— CONTRAVENTION. — PEINE. Lorsqu'un maire a pris un arrêté dans le cercle de ses attributions, le tribunal de police doit prononcer sur la contravention, alors même que l'amende portée dans cet arrêté dépasserait la mesure des peines qu'il a droit d'appliquer : ainsi il ne doit prononcer qu'une peine de simple police, sans avoir égard à celle énoncée dans l'arrêté. (*Cour de cass.*, 10 avril 1819. *Journal du Palais, tom.* 67, *pag.* 91.)

L'arrêté d'un maire ayant pour objet la sûreté publique et particulière, et approuvé du préfet, est obligatoire, même à l'égard des citoyens dont il gênerait la liberté ou l'industrie. (*Cour de cass.*, 24 août 1815.)

—CONSTRUCTIONS EN CHAUME. Un maire est fondé à prendre un arrêté par lequel il défend aux habitans de sa commune de reconstruire ou réparer leurs toits avec de la paille ou des roseaux, et toute contravention à cet arrêté doit être punie des peines de police municipale. (*Cour de cass.*, 23 *avril* 1819.) (*Voyez Ordonnance de police*, — *Juge de paix*, — *Édifices*.

ACTION CIVILE. — ACTION PUBLIQUE. L'action civile est toujours indépendante de l'action publique, c'est-à-dire que l'individu, lésé par un délit ou par une contravention, peut, dans tous les cas, intenter son action au civil, encore bien que le ministère public n'ait pas agi. (*Cass.*, 26 *juillet* 1813.)

Lorsque l'action civile a été intentée au tribunal de police, et quoiqu'il ne s'agisse que d'une contravention ou d'un délit concernant un intérêt privé, le ministère public est fondé à suivre son action, alors même que les parties ont transigé ensuite, et encore bien qu'il s'agisse d'un délit autre que ceux prévus par le code pénal. (*Cass.*, 23 janvier 1813.) Voyez *Prescriptions*, — *Injures*.

ADJOINT DE MAIRE. — Ministère public. L'adjoint du maire peut être délégué par ce dernier pour exercer les fonctions du ministère public près le tribunal de police du canton. (*Code d'instr. crim.*, art. 144.)

Il exerce les fonctions du ministère public près du maire, jugeant en matière de police. En cas d'empêchement, il est remplacé par un membre du conseil municipal nommé, à cet effet, par le procureur du roi. (*Ibid.* 167.) Voyez *Ministère public*.

AFFICHES. Voyez *Écrits*.

AFFIRMATION. V. *Procès-Verbaux*.

ALIGNEMENT. V. *Voie publique*.

AMENDES. Les amendes prononcées par application des lois antérieures au 23 thermidor an 4 ne peuvent être moindres de la valeur de trois journées de travail. (*Loi du 23 thermidor an 4*, art. 2.) Voyez *Témoins*.

— CONTRAINTE PAR CORPS. La contrainte par corps a lieu pour le paiement de l'amende ; néanmoins le condamné ne pourra être détenu plus de quinze jours, s'il justifie de son insolvabilité. (*Code pénal, art. 467.*)

ANIMAUX. — DIVAGATION. Ceux qui auront laissé divaguer des animaux malfaisans ou féroces ; ceux qui auront excité ou n'auront pas retenu leurs chiens, lorsqu'ils attaquent ou poursuivent les passans, quand même il n'en serait résulté aucun mal ni dommage, sont passibles d'amende de 6 à 10 francs. (*Code pénal, art. 475.*) Voyez *Bestiaux*, — *Chevaux*.

— MORT. — BLESSURES. Ceux qui auront occasionné la mort ou blessure des animaux ou bestiaux appartenant à autrui, par l'effet de la divagation des fous ou furieux, ou d'animaux malfaisans ou féroces, ou par la rapidité, ou la mauvaise direction, ou le chargement excessif des voitures, chevaux, bêtes de trait, de charge ou de monture, sont passibles d'amende de 11 à 15 francs. (*Code pénal, art.* 479, *n°* 2.)

Il y a lieu à la même peine dans le cas où les accidens prévus ci-dessus auraient été causés par la vétusté, la dégradation, le défaut de réparation ou d'entretien des maisons ou édifices, ou par l'encombrement ou l'excavation, ou telles autres œuvres, dans ou près les rues, chemins, places ou voies publiques, sans les précautions ou signaux ordonnés ou d'usage. (*Ibid.* 479, *n°* 4.)

— Blessures volontaires. Celui qui fait volontairement des blessures aux animaux ou bestiaux appartenant à autrui est passible des peines portées art. 30 du titre 2 de la loi du 28 septembre 1791, qui prononce une amende du double du dédommagement et un emprisonnement dont la durée peut être d'un mois, et non celles portées au nouveau code pénal, art. 479. (*Cour de cass.*, 5 février 1818.) Voy. *Armes*, — *Enclos*, — *Enfouissement*.

APPEL. — JUGEMENS. Les jugemens en matière de police pourront être attaqués par la voie de l'appel, lorsqu'ils prononceront un emprisonnement, ou lorsque les amendes, restitutions ou autres réparations civiles excéderont la somme de 5 francs. (*Code d'instruction crim.*, art. 172.)

Ce n'est pas par le montant de la demande, mais par celui des condamnations qu'on doit décider si un jugement de police est ou non sujet à l'appel. (*Cour de cass.*, 5 septembre 1811.)

L'appel est suspensif. (*Code d'instr. crim.*, 173.)

L'appel doit être porté au tribunal correctionnel, et être interjeté dans les dix jours de la signification de la sentence à personne ou à domicile. (*Ibid.* 174.) Voyez *Jugemens*.

ARMES. — COUTRES. — BARRES. — BARREAUX. Ceux qui auront laissé dans

8 AR.

les chemins, champs ou autres lieux
publics, des armes, des coutres de charrue, des barres ou barreaux, ou autres choses pouvant servir aux voleurs
ou malfaiteurs, sont passibles d'amende
de 1 à 5 fr. (*Code pénal, 471, n° 7.*)

— CONFISCATION. Les armes, coutres
et barres laissés dans les champs seront
confisqués. (*Ibid. 472.*)

— ANIMAUX. — BLESSURES. Ceux qui
auront occasionné la mort ou blessure
des animaux appartenant à autrui par
l'emploi ou l'usage d'armes, sans pré-
caution ou avec maladresse, sont passibles d'amende de 11 à 15 fr. (*Ibid.
479, n° 3.*)

Il pourra y avoir lieu, suivant les circonstances, à la détention pendant cinq
jours au plus. (*Ibid. 480.*) V. *Act. adm.,*
pour l'arrêt de cass. du 24 août 1815.

ARTIFICE (Pièces d'). Ceux qui
auront tiré des pièces d'artifice dans les
lieux défendus sont passibles d'amende
de 1 à 5 fr. (*Code pén., art. 471, n° 2.*)

Il y a lieu, suivant les circonstances, à la détention pendant 3 jours au plus. (*Ibid.* 473.)

Les pièces d'artifice seront confisquées. (*Ibid.* 472.)

ASCENDANS. Voyez *Témoins.*

AUBERGISTES. — Eclairage. Ceux qui, obligés à l'éclairage de leurs maisons, l'auront négligé, sont passibles d'amende de 1 à 5 francs. (*Code pénal,* 471, n° 3.)

Ils ne sont pas dispensés de cet éclairage pendant que la lune luit. (*Cour de cass.,* 13 *juin* 1811.) Voyez *Jeu.*

— Voyageur. — Registre. — Inscription. Les aubergistes, hôteliers, logeurs ou loueurs de maisons garnies, qui auront négligé d'inscrire *de suite et sans aucun blanc,* sur un registre tenu régulièrement, les noms, qualités, domicile habituel, dates d'entrée et de sortie de toute personne qui aurait couché ou passé une nuit dans leurs maisons; ceux d'entr'eux qui auraient manqué à représenter ce registre aux époques déterminées par les réglemens, ou lorsqu'ils en auraient été requis, aux maires, adjoints, officiers ou commissaires de police, ou aux citoyens commis à cet effet, sont passibles d'amende de 6 à 10 francs, sans préjudice des cas de responsabilité mentionnés en l'art. 73 du code pénal. (*Code pénal,* 475, n° 2.)

AUDIENCE. — COMPARUTION. Les parties doivent comparaître à l'audience en personne ou par un fondé de pouvoir. (*Code d'instr. crim.,* 152.)

Elles ont la faculté de se faire aider dans leur défense par un conseil. (*Arrêt de cass. du.* . . .)

Si elles ne comparaissent pas au jour indiqué, elles seront jugées par défaut. (*Code d'instr. crim.,* 149.)

Cet article ne s'applique pas au ministère public, contre lequel il ne peut jamais être prononcé de défaut. Voyez *Ministère public.*

— MAIRE. Le maire, jugeant en matière de police, donnera son audience en la maison commune. Elle sera publique. (*Code d'instr. crim.*, 171.)

Le maire peut ordonner que l'audience sera tenue à huis clos, selon les circonstances. Voyez *Instruction.*

AUTEURS et **Complices** *de bruits* ou *tapages injurieux* ou *nocturnes.*

Ils sont passibles d'amende de 11 à 15 francs. (*Code pénal*, 479, n° 8.)

Ils peuvent, suivant les circonstances, être condamnés à la détention pendant 5 jours au plus. (*Ibid.* 480, n° 5.)

Nota. Il suffit d'être surpris dans un rassemblement d'individus donnant un charivari, quoique n'étant porteur d'aucun instrument propre à faire du bruit, pour être considéré comme complice et condamné comme tel. (*Cass.*, 5 juillet 1822, *Journ. du Pal.*, tom. 65, *pag.* 159.)

AUTORITÉS ADMINISTRATIVES. Voy. *Édifices,* — *Voie publique,* — *Juges de paix,* — *Actes administratifs,* — *Ordonnance de police.*

AVERTISSEMENT. — Citation. — Maire. Dans la juridiction des maires, comme juges de police, le ministère des huissiers n'est pas nécessaire pour les citations; elles peuvent être faites par un avertissement du maire, qui énoncera au défendeur le fait dont il est inculpé, le jour et l'heure où il devra se présenter. (*Code d'inst. cr.*, 169.)

Il en est de même des citations aux témoins; elles peuvent être faites par un avertissement qui indiquera le moment où leur déposition sera reçue. (*Ibid.* 170.)

AVIS. Voyez *Ecrits*.

BANS. Ceux qui ont contrevenu aux bans de vendange ou autres autorisés par les réglemens sont passibles d'amende de 6 à 10 francs. (*Code pénal*, 475, n° 1er.) Voyez *Récoltes*.

BARRES et **BARREAUX.** V. *Armes*.

BATIMENS. Voyez *Edifices*.

BERGERS. V. *Parcours*, — *Paccage*, — *Enclos*, — *Prairie*.

BESTIAUX. — PASSAGE. Ceux qui auront laissé passer leurs bestiaux ou leurs bêtes de trait, de charge ou de monture, sur le terrain d'autrui, avant l'enlèvement de la récolte, sont passibles d'amende de 1 à 5 francs. (*Code pénal*, 471, n° 14.)

Si le terrain est ensemencé ou chargé d'une récolte, en quelque saison que ce soit, ou que les bestiaux aient passé dans un bois-taillis, l'amende est de 6 à 10 francs (*Ibid.* 475, n° 10.) Voyez *Animaux*, — *Chevaux*, — *Armes*.

BESTIAUX A L'ABANDON. — DÉGAT — RESPONSABILITÉ. Les dégâts que les bestiaux de toute espèce, laissés à l'abandon, feront sur les propriétés d'autrui, soit dans l'enceinte des habitations, soit dans un enclos rural, soit dans les champs ouverts, seront payés par les personnes qui ont la jouissance des bestiaux : si elles sont insolvables, ces dégâts seront payés par celles qui en ont la propriété. Le propriétaire qui éprouvera le dommage a le droit de saisir les bestiaux, sous l'obligation de les faire conduire dans les vingt-quatre heures au lieu du dépôt qui sera désigné à cet effet par la municipalité.

Il sera satisfait aux dégâts par la vente des bestiaux, s'ils ne sont pas réclamés, ou si le dommage n'a point été payé dans la huitaine du jour du délit.

Si ce sont des volailles, de quelque espèce que ce soit, qui causent le dommage, le propriétaire, le détenteur ou le fermier qui l'éprouvera, peut les tuer, mais seulement sur le lieu et à l'instant du dommage. (*Loi du 28 septembre* 1791, *art.* 12, *titre* 2.)

Aux termes des art. 3 et 12 de cette loi et de celle du 23 thermidor an 4, art. 2, rapporté au mot *Amende*, les contraventions ci-dessus détaillées doivent être punies d'une amende de la valeur de 3 journées de travail. (*Cass.*, 11 *août* 1808.)

BESTIAUX. — ACTION PUBLIQUE. — ACTION CIVILE. Lorsque les bestiaux qui ont causé le dégât étaient confiés à la garde d'un pâtre commun, c'est ce pâtre seul qui est passible des dommages-intérêts, aux termes de l'article 1385 du code civil; et ce pâtre, presque toujours insolvable, a, pour coobligés, les habitans de la commune qui l'emploient. (*Cour de cass.*, 14 *frimaire an* 14 *et* 22 *février* 1811.)

N. B. On doit bien faire attention que les habitans de la commune ne sont coobligés du pâtre que pour ce qui concerne l'action civile, et que, pour le paiement de l'amende, lui seul peut y être contraint.

Voyez *Responsabilité*, — *Chèvre*, — *Paccage*, — *Parcours*, — *Enclos.*

La seule présence d'un animal laissé à l'abandon dans un champ, quoiqu'il n'y ait point commis de dommage, suffit pour constituer un délit, et faire prononcer l'amende, conformément aux dispositions combinées des art. 3

et 12 de la loi du 28 septembre 1791,
et 2 de la loi du 23 thermidor an 4.
(*Cass.*, 15 *février* 1811.) V. *Amende,
— Juge de paix.*

BESTIAUX MORTS. Voyez *Enfouissement.*

BÊTES A LAINE. Voyez *Bestiaux,
— Prairie, — Bois-taillis.*

BLÉ EN VERT. Voyez *Productions de
la terre.*

BLESSURES. Voy. *Armes, — Animaux, — Immondices.*

BOIS-TAILLIS. — Délit. — Compétence. L'art. 139, n° 4, du code d'instruction criminelle, en attribuant aux
juges de paix, comme juges de police,
« la connaissance des actions fores-
« tières, poursuivies à requête des par-
« culiers, » n'a pas entendu les rendre
juges de toutes espèces de délits qui
pourraient être commis dans les bois
particuliers, mais seulement de ceux
qui n'entraînent pas, aux termes des
lois de la matière, une amende excé-

dant 15 francs. (*Cour de cass.*, 27 juin 1811.)

Les dégâts faits dans les bois-taillis des particuliers ou communautés, par des bestiaux ou troupeaux, seront punis de la manière suivante :

Il sera payé d'amende, pour une bête à laine, 1 liv.; pour un cochon, 1 liv.; pour une chèvre, 2 liv.; pour un cheval ou autre bête de somme, 2 liv.; pour un bœuf, une vache ou un veau, 3 liv.

Si les bois-taillis sont dans les six premières années de leur croissance, l'amende sera double.

Si les dégâts sont commis en présence du pâtre, et dans les bois-taillis de moins de six années, l'amende sera triple.

S'il y a récidive dans l'année, l'amende sera double; et, s'il y a réunion des deux circonstances précédentes, ou récidive avec une des deux circonstances, l'amende sera quadruple.

Le dédommagement dû au propriétaire sera estimé de gré à gré, ou à dire d'experts. (*Loi du 6 octobre 1791, titre 2, art. 38.*)

Voyez *Bestiaux.*

BOISSONS FALSIFIÉES. — Débit. — Peines. Ceux qui auront vendu ou débité des boissons falsifiées, sans préjudice des peines plus sévères qui seront prononcées par les tribunaux de police correctionnelle, dans le cas où elles contiendraient des mixtions nuisibles à la santé, sont passibles d'amende de 6 à 10 francs. (*Code pénal,* 475, *n°* 6.)

Il y aura lieu, suivant les circonstances, à une détention de 3 jours. (*Ibid.* 476.)

Les boissons seront saisies et confisquées, et ensuite répandues. (*Ib.* 477.) Voyez *Comestibles gâtés.*

BRUITS ou Tapages. V. *Auteurs de.*

CABARETIÉRS. Voyez *Aubergistes,* — *Jeu.*

CALAMITÉS. — Refus de Secours.
Voyez *Incendie*.

CALOMNIE. — Poursuite. D'après les dispositions de l'art, 21 du code d'instruction criminelle, le délit de calomnie pouvait être poursuivi d'office; la loi du 25 mars 1822, art. 17, porte que l'action ne peut être suivie qu'à la requête du particulier injurié ou offensé.

CASSATION. — Pourvoi. La voie de cassation est ouverte contre les jugemens de police rendus en dernier ressort, de même que contre les jugemens correctionnels ou arrêts des cours d'assises. Le ministère public, la partie civile et la partie poursuivie sont admis à cette voie. (*Code d'inst. crim.*, 413.)

Lorsque l'accusé aura subi une condamnation, et que, soit dans l'arrêt qui aura ordonné son renvoi devant une cour d'assises, soit dans l'instruction et la procédure qui auront été faites devant cette dernière cour, soit dans l'arrêt même de condamnation, il y aura eu violation ou omission de quelques-unes des formalités que le présent code prescrit, sous peine de nullité, cette omission ou violation donnera lieu, sur la poursuite de la partie condamnée ou du ministère public, à l'annullation de l'arrêt de condamnation et de ce qui l'a précédé, à partir du plus ancien acte nul.

Il en sera de même, tant dans les cas d'incompétence, que lorsqu'il aura été omis ou refusé de prononcer, soit sur une ou plusieurs demandes de l'accusé, soit sur une ou plusieurs réquisitions du ministère public, tendant à user d'une faculté ou d'un droit accordé par la loi, bien que la peine de nullité ne fût pas textuellement attachée à l'absence de la formalité dont l'exécution aura été demandée ou requise. (*Code d'instr. crim.*, 408.)

Lorsqu'il y a une réquisition du ministère public, il ne suffit pas, pour l'application de l'art. 408, que les tribunaux en parlent dans les motifs de leurs jugemens; il faut qu'ils y statuent dans le dispositif, par la raison que c'est le dispositif seul qui forme le jugement proprement dit. (*Cassat.*, 16 *août* 1816.)

Le rejet que fait une cour d'assises de la demande de l'accusé, tendant à faire entendre des témoins à décharge, ne peut pas fonder un moyen de nullité; il n'y aurait nullité que dans le cas où la cour d'assises aurait omis ou refusé de statuer sur une pareille demande. (*Cass.*, 5 *novembre* 1812 *et* 18 *juin* 1813.)

L'art. 413 accorde la faculté du recours en cassation, tant au ministère public, au prévenu, qu'à la partie civile, sans distinction des jugemens qui ont prononcé le renvoi de la partie ou sa condamnation. Néanmoins, lorsque le renvoi de cette partie aura été prononcé, nul ne peut se prévaloir contre elle de la violation ou omission des formes prescrites pour assurer sa défense.

La partie civile n'est pas recevable à se pourvoir en cassation contre un jugement qui déclare qu'un fait n'est pas punissable, et qui par suite refuse des dommages-intérêts, lorsque le délit est de telle nature, qu'en le supposant constaté et puni la quotité des dommages resterait entièrement livrée à la conscience des juges. Il en serait autrement, s'il s'agissait d'un délit donnant lieu à restitution. (*Cass.*, 26 *juin* 1812.)

En matière d'injures, et quelles que soient les dépositions des témoins, un juge qui déclare les injures non punissables porte une décision irréfragable, à l'abri de la censure de la cour de cassation. (*Cass.*, 9 *juillet* 1825.)

S'il a été omis de prononcer expressément sur un réquisitoire du ministère public, ou sur une demande du prévenu ou de l'accusé, il y a ouverture à cassation, lors même que, dans les motifs du jugement ou de l'arrêt, les juges auraient manifesté l'intention de rejeter cette réquisition. (*Cass.*, 16 *août* 1811; 31 *janvier*, 12 *juin* 1812, 26 *mars* et 1er *juillet* 1813.)

La disposition de l'art. 411 ainsi conçu : « Lorsque la peine prononcée sera « la même que celle portée par la loi « qui s'applique au crime, nul ne « pourra demander l'annulation de « l'arrêt, sous le prétexte qu'il y aurait « erreur dans la citation du texte de la « loi. » est applicable aux arrêts et jugemens en dernier ressort, rendus en matière correctionnelle et de police. (*Code d'instr. crim.*, 414.)

Le recours en cassation contre les arrêts préparatoires et d'instruction, ou les jugemens en dernier ressort de cette qualité, ne sera ouvert qu'après l'arrêt ou jugement définitif; l'exécution volontaire de tels arrêts ou jugemens préparatoires ne pourra, en aucun cas, être opposée comme fin de non recevoir.

— La présente disposition ne s'applique point aux arrêts ou jugemens rendus sur la compétence. (*Ibid.* 416.)

L'erreur des juges, sur ce qui constitue un commencement d'exécution, est une erreur de droit qui donne lieu à la cassation. (*Cour de cass.,* 9 *janvier* 1812.)

— DÉCLARATION et FORME DU RECOURS. La déclaration du recours sera faite au greffier par la partie condamnée (c'est-à-dire la partie civile déclarée non recevable dans sa plainte, le ministère public ou le prévenu), et signée d'elle et du greffier; et, si le déclarant ne peut ou ne veut signer, le greffier en fera mention. — Cette déclaration pourra être faite, dans la même forme, par l'avoué de la partie condamnée, ou par un fondé de pouvoir spécial; dans ce dernier cas, le pouvoir demeurera annexé à la déclaration.

Elle sera inscrite sur un registre à ce destiné : ce registre sera public, et toute personne aura le droit de s'en faire délivrer des extraits. (*Ibidem* 417.)

Lorsque le recours en cassation contre un arrêt ou jugement en dernier ressort, rendu en matière criminelle, correctionnelle ou de police, sera exercé par la partie civile, s'il y en a une, soit par le ministère public, ce recours, outre l'inscription énoncée dans l'article précédent, sera notifié à la partie contre laquelle il sera dirigé, dans le délai de trois jours.

Le demandeur en cassation (il ne s'agit ici que de jugemens des tribunaux de simple police) signifiera à la partie adverse son recours, par le ministère d'un huissier, soit à sa personne, soit au domicile par elle élu : le délai sera, en ce cas, augmenté d'un jour par chaque distance de trois myriamètres. (*Ibid.* 418.)

Les formes et les délais relatifs au pourvoi en cassation, dans les matières criminelles, ne sont pas imposés à peine de nullité. (*Cass., 18 octobre, 14 novembre 1811, et autres arrêts postérieurs.*)

La partie civile qui se sera pourvue en cassation est tenue de joindre aux pièces une expédition authentique de l'arrêt (ou du jugement).

Elle est tenue, à peine de déchéance, de consigner une amende de 150 francs, ou de la moitié de cette somme, si l'arrêt est rendu par contumace ou par défaut. (*Ibid.* 419.)

Sont dispensés de l'amende : 1° les condamnés en matière criminelle ; 2° les agens publics pour affaires qui concernent directement l'administration et les domaines ou revenus de l'état (le ministère public compris).

A l'égard de toutes autres personnes, l'amende sera encourue par celles qui succomberont dans leur recours ; seront, néanmoins dispensés de la consigner celles qui joindront à leur demande en cassation : 1° un extrait du rôle des contributions constatant qu'elles paient moins de 6 francs, ou un certificat du percepteur de leur commune, portant qu'elles ne sont pas imposées; 2° un certificat d'indigence à elles délivré par le maire de la commune de leur domicile, ou par son adjoint, visé par le sous-préfet et approuvé par le préfet de leur département. (*Ibid.* 420.)

La condition *approuvée par le préfet* est impérative; un simple visa est insuffisant pour dispenser de la consignation de l'amende. (*Cass.*, 17 *nivose an* 13, 11 *mai* 1808, 30 *novembre* 1811, *etc.*)

Les condamnés, même en matière correctionnelle ou de police, à une peine emportant privation de la liberté, ne seront pas admis à se pourvoir en cassation, lorsqu'ils ne seront pas actuellement en état, ou lorsqu'ils n'auront pas été mis en liberté sous caution.

L'acte de leur écrou, ou de leur mise en liberté sous caution, sera annexé à l'acte de recours en cassation.

Néanmoins, lorsque le recours en cassation sera motivé sur l'incompétence, il suffira au demandeur, pour que son recours soit reçu, de justifier qu'il s'est actuellement constitué dans la maison de justice du lieu où siège la cour de cassation : le gardien de cette maison sera tenu de l'y recevoir, sur la représentation de sa demande adressée au procureur-général près cette cour, et visée par ce magistrat. (*Code d'Instr. crim.*, 421.)

Le condamné ou la partie civile, soit en faisant sa déclaration, soit dans les dix jours suivans, pourra déposer au greffe de la cour, ou du tribunal qui aura rendu l'arrêt ou le jugement attaqué, une requête contenant ses moyens de cassation. Le greffier lui en donnera reconnaissance, et remettra sur-le-champ cette requête au magistrat chargé du ministère public. (*Ibid.* 422.)

« Ce qui est prescrit ci-dessus est « purement facultatif ; l'omission du

« dépôt de la requête n'empêche nul-
« lement l'admission du pourvoi. »

Après les dix jours qui suivront la déclaration, ce magistrat (celui chargé du ministère public) fera passer au ministre de la justice les pièces du procès et les requêtes des parties, si elles en ont déposé.

Le greffier de la cour, ou du tribunal qui aura rendu l'arrêt ou le jugement attaqué, rédigera sans frais, et joindra un inventaire des pièces, sous peine de 100 francs d'amende, laquelle sera prononcée par la cour de cassation. (*Code d'instr. crim.*, 423.)

Dans les 24 heures de la réception de ces pièces, le ministre de la justice les adressera à la cour de cassation, et il en donnera avis au magistrat qui les lui aura transmises.

Les condamnés pourront aussi transmettre directement au greffe de la cour de cassation, soit leurs requêtes, soit les expéditions ou copies signifiées tant *de l'arrêt ou du jugement que de leurs demandes en cassation. Néanmoins la partie civile ne pourra user du bénéfice de la présente disposition, sans le ministère d'un avocat à la cour de cassation.* (*Ibid.* 424.)

La cour de cassation, en toute affaire criminelle, correctionnelle ou de police, pourra statuer sur le recours en cassation aussitôt après l'expiration des délais portés au présent chapitre, et devra y statuer dans le mois au plus tard, à compter du jour où ces délais seront expirés. (*Ibid.* 426.)

La cour de cassation rejettera la demande ou annulera l'arrêt ou le jugement, sans qu'il soit besoin d'un arrêt préalable d'admission. (*Ibid.* 426.)

Lorsque la cour de cassation annulera un arrêt ou un jugement rendu, soit en matière correctionnelle, soit en matière de police, elle renverra le procès et les parties devant une cour ou un tribunal de même qualité que celui qui aura rendu l'arrêt ou le jugement annulé. (*Ibid.* 427.)

La partie civile qui succombera dans son recours, soit en matière criminelle, soit en matière correctionnelle ou de police, sera condamnée à une indemnité de 150 francs, et aux frais envers la partie acquittée, absoute ou renvoyée : la partie civile sera de plus condamnée, envers l'état, à une amende de 150 francs, ou de 75 francs seulement, si l'arrêt ou le jugement a été rendu par contumace ou par défaut.

Les administrations ou régies de l'état, et les agens publics qui succomberont ne seront condamnés qu'aux frais et à l'indemnité. (*Ibid.* 436.)

Lorsque l'arrêt ou le jugement aura été annulé, l'amende consignée sera rendue sans aucun délai, en quelques termes que soit conçu l'arrêt qui aura statué sur le recours, et quand même il aurait omis d'en ordonner la restitution. (*Ibid.* 437.)

CÉDULE. Voy. *Citations.*

CHAMP. V. *Voyageur,* — *Bestiaux,* — *Terrain.*

CHANSONS. Voy. *Ecrits,* — *Injures verbales.*

CHARRETIERS. — Voituriers. Les charretiers ou autres conducteurs de voitures ou bêtes de charge, qui auront contrevenu aux réglemens par lesquels ils sont obligés de se tenir constamment à portée de leurs chevaux, bêtes de trait ou de charge, et de leurs voitures, et en état de les guider et conduire ; d'occuper un seul côté des rues, chemins ou voies publiques ; de se détourner ou ranger devant toutes autres voitures, et, à leur approche, de leur laisser libre la moitié des rues, chaussées, routes et chemins, sont passibles d'amende de 6 à 10 francs. (*Code pénal,* 475, n° 3.)

Il pourra être prononcé contre eux, suivant les circonstances, un emprisonnement pendant trois jours au plus.

(*Ibid.* 476.) V. *Animaux*, — *Bestiaux*, — *Chevaux*, — *Fêtes et Dimanches.*

CHAUME. Le chaume ne peut être fait qu'aux époques fixées par les maires. La contravention à leurs arrêtés est punie des peines de police. Voy. *Bans.*

CHEMINÉES. Voy. *Visite des Fours et Cheminées.*

CHEMINS. — Classement. — Contraventions. — Compétence. Les chemins se partagent en trois classes : les routes, les chemins vicinaux et les chemins privés.

A l'égard des grandes routes, tout le contentieux qui les concerne est du ressort des conseils de préfecture, ainsi que l'établit la loi du 29 floréal an 10, dont voici les dispositions :

« Les contraventions, en matière de
« grande voirie, telles qu'anticipa-
« tions, dépôt de fumier ou d'autres
« objets, et toutes espèces de détério-
« rations commises sur les grandes

« routes, sur les arbres qui les bordent;
« sur les fossés, ouvrages d'art et ma-
« tériaux destinés à leur entretien; sur
« les canaux, fleuves et rivières navi-
« gables, leurs chemins de halage,
« francs bords, fossés et ouvrages d'art,
« seront constatées, réprimées et pour-
« suivies par voie administrative. »

Les entreprises sur les chemins vicinaux, tendant à diminuer leur largeur,
sont également de la compétence des
conseils de préfecture. (*Art. 6, 7 et 8
de la loi du 9 ventose an 13.*)

Lorsqu'une telle contravention est
constatée, le maire doit signifier le procès-verbal au prévenu, avec sommation
de réparer le dommage dans la huitaine; si, ce temps passé, le prévenu n'a
pas satisfait, le maire doit envoyer le
procès-verbal au préfet.

Dans les cas ci-dessus, les conseils de
préfecture ne sont compétens que lorsque la largeur des chemins vicinaux a
été fixée pas arrêté du préfet. (*Ordon-*

nance du roi en conseil d'état, du 18 avril 1821.)

Les contraventions relatives au dépôt de matériaux ou autres choses qui empêchent ou diminuent la liberté du passage sont de la compétence du tribunal de police. Voy. *Voie publique.*

Les cultivateurs, ou tous autres, qui auront dégradé ou détérioré, de quelque manière que ce soit, des chemins publics, ou usurpé sur leur largeur, seront condamnés à la réparation ou à la restitution, et à une amende qui ne pourra être moindre de 3 livres, ni excéder 24 livres. (*Loi du 28 septembre 1791, art. 40 du titre 2.*)

Un tribunal de simple police ne peut connaître des dégradations commises sur les voies publiques, qu'autant qu'il s'agit des rues, places ou carrefours des villes et villages, et non des chemins allant de ville à ville, ou de village à village. (*Cass., 2 mai 1811.*)

Les tribunaux de police sont compétens pour statuer sur des contraventions à des réglemens de police, bien que ces contraventions aient été commises sur des chemins servant de grandes routes. (*Cass.*, 13 *juin* 1811.)

On ne doit pas perdre de vue qu'il ne s'agit ici que de simples contraventions à des réglemens locaux, et toujours que de la partie des chemins servant de rues, dans les villes et villages, autrement les deux arrêts qui précèdent seraient en contradiction.

A l'égard des chemins privés, dit M. Henrion de Pansey, dans son traité de la compétence des juges de paix, ces chemins ne conduisant qu'à de certains héritages, et n'étant établis que pour leur exploitation, les entreprises qui s'y commettent sont des atteintes aux droits de propriétés, et non des contraventions aux réglemens de voierie. Voy. *Voie publique.*

CHENILLES. Voy. *Echenillage.*

CHÈVRES. — PARCOURS. — DOMMAGE.

Dans les pays de parcours et de vaine pâture, où les chèvres ne sont pas rassemblées et conduites en troupeau commun, celui qui aura des animaux de cette espèce ne pourra les mener aux champs qu'attachés, sous peine d'amende de la valeur d'une journée de travail. Voy. *Amende*.

En quelque circonstance que ce soit, lorsqu'elles auront fait du dommage aux arbres fruitiers ou autres, haies, vignes, jardins, l'amende sera double, sans préjudice du dédommagement dû au propriétaire. (*Loi du* 28 *septembre* 1791, *titre* 2, *art.* 28.

CHEVAUX. — VOITURES. — CHARGEMENT. Ceux qui auront laissé courir leurs chevaux, bêtes de trait, de charge ou de monture, dans l'intérieur d'un lieu habité, ou violé les réglemens contre le chargement, la rapidité ou la mauvaise direction des voitures, sont passibles d'amende de 6 à 10 francs. (*Code pénal*, 475, n° 4.)

Il pourra y avoir lieu, suivant les circonstances, à la détention, pendant trois jours au plus. (*Code pénal*, 476.) Voy. *Bestiaux*.

CHIENS. Voy. *Animaux*.

CITATIONS. — DÉLAI. — NULLITÉ. Les citations en matière de police seront notifiées par un huissier. (*Code d'instr. crim.*, 145.)

Il n'est pas nécessaire, à peine de nullité, qu'elles soient notifiées par un huissier de la justice de paix. (*Cour de cass.*, 23 mai 1817.)

Elles seront faites à requête du ministère public ou de la partie qui réclame. Il en sera laissé copie au prévenu ou à la personne civilement responsable. (*Code d'instr. crim.*, 145.)

La citation ne pourra être donnée à un délai moindre de 24 heures, outre un jour par trois myriamètres, à peine de nullité, tant de la citation que du jugement qui serait rendu par défaut. Néanmoins, cette nullité ne pourra être prononcée qu'à la première audience, avant toute exception et défense.

« Dans les cas urgens, les délais pourront être abrégés, et les parties citées à comparaître même dans le jour et à heure indiquée, en vertu d'une cédule délivrée par le juge de paix. (*Ibid.* 146.) Voy. *Avertissement,* — *Juges de paix.*

CLAMEUR PUBLIQUE. — Refus de secours. Voy. *Incendie.*

CLOTURE. Voy. *Destruction de.*

COLLATERAUX. Voy. *Témoins.*

COMESTIBLES GATÉS. — Vente. — Excuse. Celui qui expose en vente des comestibles gâtés ne peut être excusé sur sa bonne foi. (*Cass.,* 2 juin 1810.) Voy. *Boissons falsifiées.*

COMMISSAIRE DE POLICE. — Ministère public. Le commissaire de police exerce les fonctions du ministère public dans le lieu de sa résidence; s'il y a plusieurs commissaires de police, il en est nommé un d'entr'eux par le procureur général près la cour royale, pour faire le service. (*Code d'instr. crim.*, 144.)

— PROCÈS-VERBAL. — COSTUME. Le commissaire de police, rédacteur d'un procès-verbal, n'est pas tenu d'énoncer qu'il était revêtu de son costume. (*Cass.*, 9 *nivose an* 11.)

Leurs procès-verbaux font foi jusqu'à preuve contraire. Voy. *Preuve*.

Ces procès-verbaux ne sont point nuls pour ne pas avoir été enregistrés dans un délai fixe; seulement les tribunaux ne peuvent y avoir égard qu'après l'enregistrement. (*Cass.*, 3 septembre 1808.)

COMPÉTENCE. — JUGES DE PAIX. — MAIRES. Les juges de paix connaissent exclusivement : 1° des contraventions commises dans la commune chef-lieu de canton; 2° des contraventions dans les autres communes de leur arrondissement, lorsque, hors le cas où les coupables auront été pris en flagrant délit, les contraventions auront été commises par des personnes non domiciliées ou non présentes dans la commune, ou lorsque les témoins qui doivent déposer n'y sont pas résidans ou présens; 3° des contraventions à raison desquelles la partie qui réclame conclut, pour ses dommages-intérêts, à une somme excédant 15 francs; 5° des injures verbales; 6° des affiches, annonces, vente, distribution ou débit d'ouvrages, écrits ou gravures contraires aux mœurs (Voy. *Écrits.*); 7° de l'action contre les gens qui font le métier de deviner et pronostiquer, ou d'expliquer les songes. (*Code d'instr. crim.*, 139.)

Les maires des communes non cheflieux de canton connaîtront, concurremment avec les juges de paix, des contraventions commises dans l'étendue de leur commune par des personnes prises en flagrant délit, ou par des personnes qui résident dans la commune ou qui y sont présentes, lorsque les témoins y seront aussi résidans, ou présens, et lorsque la partie réclamante concluera, pour ses dommages-intérêts, à une somme déterminée qui n'excédera pas 15 francs. Ils ne pourront jamais connaître des contraventions attribuées exclusivement aux juges de paix, ni d'aucune des matières attribuées aux juges de paix, comme juges civils. (*Code d'instr. crim.*, 166.) Voyez *Juges de paix*, — *Bois-taillis*, — *Chemins*, — *Octroi.*

COMPLICES. Voy. *Auteurs.*

CONDUCTEURS DE VOITURES. Voy. *Charretiers*, — *Chevaux.*

CONDUCTEURS DE BESTIAUX. Voy. *Paccage*, — *Bestiaux*, — *Chevaux.*

CONCLUSIONS. Voy. *Instruction.*

CONFISCATION. La confiscation ne peut être prononcée que dans les cas déterminés par la loi. (*Code pénal*, 470.) Voy. *Armes*, — *Artifices*, — *Boissons falsifiées*, — *Comestibles gâtés*, — *Devins*, — *Écrits*, — *Jeux de hasard.*

CONTRAINTE PAR CORPS. Voy. *Amende,* — *Dommages-intérêts.*

CONTRAVENTIONS. Voy. *Preuve.*

CORPS DURS. Voy. *Immondices,* — *Édifices.*

COUTRES DE CHARRUE. V. *Armes.*

CRIEURS ou **Colporteurs.** V. *Écrits.*

DÉFAUT. — Jugement. Si la partie citée ne comparaît pas au jour indiqué, elle sera jugée par défaut. (*Code d'instruction crimin.,* 149.)

La partie condamnée par défaut ne sera plus recevable à s'opposer à l'exécution du jugement, si elle ne se présente à l'audience indiquée par son opposition. (*Ibid.* 150.)

L'opposition au jugement par défaut pourra être faite par déclaration, en réponse au bas de l'acte de signification, ou par acte notifié dans les trois jours de la signification. Voy. *Opposition,* — *Témoins,* — *Ministère public.*

DÉGATS. Voy. *Bestiaux à l'abandon,* — *Gardes champêtres.*

DÉLAIS. Voy. *Citations,* — *Appel,* — *Cassation,* — *Opposition.*

DÉLITS. Voy. *Bestiaux,* — *Gardes champêtres,* — *Exception préjudicielle,* — *Action civile,* — *Responsabilité.*

DÉPENS. Voy. *Frais.*

DÉPOT DE FUMIERS, etc. Voyez *Animaux,* — *Chemins,* — *Voie publique.*

DESTRUCTION DE CLOTURE. Voy. *Voyageur.*

DÉTENTION. Voy. *Emprisonnement.*

DEVINS. — INTERPRÈTES DE SONGES. Les gens qui font le métier de deviner ou pronostiquer, ou d'expliquer les songes, sont passibles d'amende de 11 à 15 fr. (*Code pénal,* 479, *n°* 7.)

Ils pourront, suivant les circonstances, être condamnés à une détention de cinq jours au plus. (*Ibid.* 480.)

Les instrumens, ustensiles et costumes destinés à l'exercice du métier de devin, pronostiqueur ou interprète de songes, seront saisis et confisqués. (*Ibid.* 481.)

DIMANCHES. V. *Fêtes et Dimanches.*

DISTRIBUTEURS D'ÉCRITS. Voy. *Écrits.*

DIVAGATION. Voyez *Animaux;* — *Fous,* — *Furieux.*

DOMMAGE. V. *Dégât,* — *Terrain,* — *Juges de paix,* — *Propriétés mobilières.*

DOMMAGES - INTÉRÊTS. — Contrainte par corps. En cas d'insuffisance, les dommages-intérêts seront préférés à l'amende. (*Code pénal,* 468.)

Les condamnés sont contraignables par corps, et ils doivent garder prison jusqu'à parfait paiement, à moins que ces dommages-intérêts ne soient prononcés au profit de l'état, auquel cas la détention ne peut avoir lieu que pendant quinze jours. (*Code pénal,* 469.)

ÉCHENILLAGE. L'échenillage doit se faire chaque année, au plus tard le 22 février. Tous les propriétaires, fermiers, locataires ou autres, faisant valoir leurs propres héritages ou ceux d'autrui, sont tenus, chacun en droit soi, d'écheniller ou faire écheniller les arbres étant sur lesdits héritages, à peine d'amende.

Ils sont tenus, sous les mêmes peines, de brûler sur-le-champ les bourses et toiles qui sont tirées des arbres, haies ou buissons, et ce, dans un lieu où il n'y aura aucun danger de communication du feu, soit pour les bois, arbres, bruyères, soit pour les maisons et bâtimens.

Dans le cas où quelques propriétaires ou fermiers auraient négligé de le faire, les maires et adjoints le feront faire aux dépens de ceux qui l'auront négligé, par des ouvriers qu'ils choisiront; l'exécutoire des dépens sera délivré par le juge de paix, sur la quittance des ouvriers, contre lesdits propriétaires et locataires, et sans que ce paiement puisse les dispenser de l'amende.

L'autorité administrative doit pourvoir à l'échenillage des arbres appartenant au gouvernement ou aux communes. (*Loi du 26 ventose, an 4.*)

Ceux qui auront négligé d'écheniller dans les campagnes ou jardins, où ce soin est prescrit par la loi ou les réglemens, sont passibles d'amende de 1 à 5 francs. (*Code pénal, 471, n° 8.*)

ECLAIRAGE. Voy. *Aubergistes,* — *Voie publique.*

ECRITS. — Chansons, — Affiches, etc. Les crieurs, afficheurs, vendeurs ou distributeurs d'ouvrages, écrits, avis, bulletins, affiches, journaux, feuilles périodiques ou autres imprimés dans lesquels ne se trouvera pas l'indication vraie des noms, professions et demeure de l'auteur ou de l'imprimeur, sont passibles d'amende de 6 à 10 fr. (*Code pénal, 284, 288 et 475, n° 13.*)

Si l'ouvrage contient quelques provocations à des crimes ou délits, les crieurs, afficheurs, vendeurs ou distributeurs seront passibles de peines correctionnelles, à moins qu'ils n'aient fait connaître ceux dont ils tiennent l'écrit.

Les crieurs, vendeurs ou distributeurs de chansons, pamphlets, figures ou images contraires aux bonnes mœurs, s'ils ont fait connaître la personne qui leur a remis l'objet du délit ; l'imprimeur et le graveur, s'ils ont fait connaître l'auteur ou la personne qui les aura chargé de l'impression ou de la gravure, seront condamnés à l'amende de 6 à 10 francs. (*Code pénal*, 488 et 475, *n°* 13.)

Il y a lieu, suivant les circonstances, à la détention pendant trois jours au plus. (*Ibid.* 476.)

Les écrits ou gravures contraires aux mœurs seront saisis et mis sous le pilon. (*Ibid.* 477.)

Aucune des contraventions qui précèdent n'est actuellement de la compétence des juges de police ; cependant on a cru devoir rapporter les dispositions du code pénal, afin de pouvoir

Indiquer plus précisément les parties qui en ont été abrogées. *Voir les lois des 17 et 26 mai 1819, et 25 mars 1822.*

EDIFICES. — RUINES. — RÉPARATION. — DÉMOLITION. Ceux qui auront négligé d'obéir à la sommation, émanée de l'autorité administrative, de réparer ou démolir les édifices menaçant ruine, sont passibles d'amende de 1 à 5 francs. (*Code pénal,* 471, n° 5.)

— OBJETS NUISIBLES. — JET. — DÉPÔT.

Ceux qui auront jeté ou exposé au-devant de leurs édifices des choses de nature à nuire par leur chûte ou par des exhalaisons insalubres, sont passibles d'amende de 1 à 5 francs. (*Code pénal,* 471, n° 6.)

Ceux qui auront jeté des pierres ou d'autres corps durs, ou des immondices contre les maisons, édifices ou clôtures d'autrui, ou dans les jardins ou enclos; et ceux aussi qui auraient volontairement jeté des corps durs ou immondices sur quelqu'un, sont passibles d'amende de 6 à 10 fr. (*Ibidem* 475.)

Il y a lieu, suivant les circonstances, à la détention pendant trois jours au plus, contre les particuliers désignés ci-dessus, art. 475. (*Ibid.* 476.) Voyez *Animaux.*

EMBLAVURES. Voyez *Bestiaux, — Voyageur, — Productions de la terre.*

EMPRISONNEMENT. L'emprisonnement, en matière de simple police, ne peut être prononcé que dans les cas prévus par le code pénal, et non pour les contraventions prévues par les lois antérieures. (*Compétence des juges de paix, page* 185.)

Chaque fois qu'un individu est condamné à la détention, il doit également être condamné à l'amende, attendu que la loi prononce cette dernière peine d'une manière absolue, tandis que la première n'est que facultative pour le juge. (*Cass.*, 29 *décembre* 1815.) Voyez *Armes, — Animaux, — Artifice, — Auteurs de bruits, etc.; — Charretiers, —*

Chevaux, — Devins, — Édifices, — Dommages-intérêts, — Écrits, — Récidive, — Glanage, — Immondices, — Pacage.

ENCLOS. Est réputé enclos tout terrain entouré d'un mur de quatre pieds de hauteur, avec barrière ou porte, ou lorsqu'il est exactement fermé et entouré de palissades ou de treillages, ou d'une haie vive, ou d'une haie sèche, avec des pieux, ou cordelée avec des branches, ou de toute autre manière de faire les haies en usage dans chaque localité; ou, enfin, d'un fossé de quatre pieds de large au moins à l'ouverture, et de deux pieds de profondeur. (*Loi du 28 septembre 1791, art. 6, sect. 4, titre 1er.*) Voy. *Voyageur.*

ENFOUISSEMENT. — Bestiaux morts. Les bestiaux morts seront enfouis dans la journée, à quatre pieds de profondeur, par le propriétaire et dans son terrain, ou voiturés à l'endroit désigné par la municipalité, pour y être également enfouis, sous peine, par le

délinquant, de payer une amende et
les frais de transport et d'enfouissement. (*Loi du 28 septembre 1791, art.
13 du titre 2.*) Voy. *Amende.*

ENREGISTREMENT. Voyez *Procès-
verbaux,* — *Commissaire de police.*

ESTIMATION DU DOMMAGE. Voy.
Juges de paix.

EXCAVATIONS. Voyez *Chemins,* —
Voie publique.

EXCEPTION PRÉJUDICIELLE.
Lorsque le prévenu d'un délit de simple
police prétend qu'en vertu d'un acte
il avait droit de faire ce qu'il a fait, le
tribunal doit renvoyer, pour faire statuer sur l'exception, devant les juges
ordinaires. (*Cass.,* 18 août 1808.) Voy.
Ordonnance de police.

EXÉCUTION DES JUGEMENS.
L'exécution des jugemens, en matière
de police, sera poursuivie par le ministère public et la partie civile, chacun
en ce qui le concerne. (*Code d'instruction criminelle,* 165.)

EXÉCUTION JUDICIAIRE. —

Refus de service. Voy. *Incendie.*

EXTRAITS DE JUGEMENS. —

Procureur du Roi. Au commencement de chaque trimestre, les juges de paix et les maires doivent transmettre au procureur du roi l'extrait des jugemens de police qui auront été rendus dans le trimestre précédent, et qui auront prononcé la peine d'emprisonnement. Cet extrait sera délivré sans frais par le greffier. (*Code d'instr. crim.*, 178.)

FÊTES ET DIMANCHES. — Travaux. — Suspension. — Exceptions.

Loi du 18 novembre 1814.

Art. 1er. Les travaux ordinaires seront interrompus les dimanches et jours de fêtes reconnus par la loi de l'état;

Art. 2. En conséquence, il est défendu, lesdits jours, 1° aux marchands, d'étaler et de vendre, les ais et volets des boutiques ouverts; 2° aux colporteurs et étalagistes, de colporter et d'exposer en vente leurs marchandises, dans les rues et places publiques; 3° aux artisans et ouvriers, de travailler extérieurement et d'ouvrir leurs ateliers; 4° aux charretiers et voituriers employés à des services locaux, de faire des chargemens dans les lieux publics de leur domicile;

Art. 3. Dans les villes dont la population est au-dessous de cinq mille âmes, ainsi que dans les bourgs et villages, il est défendu aux cabaretiers, marchands de vin, débitans de boissons, traiteurs, limonadiers, maîtres de paume et de billard, de tenir leurs maisons ouvertes et d'y donner à boire et à jouer lesdits jours, pendant le temps des offices;

Art. 4. Les contraventions aux dispositions ci-dessus seront constatées par procès-verbaux des maires, adjoints ou commissaires de police;

Art. 5. Elles seront jugées par les tribunaux de police simple, et punies d'amende qui, pour la première fois, ne pourra excéder 5 francs;

Art. 6. En cas de récidive, les contrevenans pourront être condamnés au maximum des peines de police. Voyez *Récidive;*

Art. 7. Les défenses précédentes ne sont pas applicables 1° aux marchands de comestibles de toute nature, sauf cependant l'exécution de l'art. 3; 2° à tout ce qui tient au service de santé; 3° aux postes, messageries et voitures publiques; 4° aux voituriers de commerce par terre et par eau, et aux voyageurs; 5° aux usines, dont le service ne pourrait être interrompu sans dommage; 6° aux ventes usitées dans les foires et fêtes dites *patronales*, et au débit des menues marchandises dans les communes rurales, hors le temps du service divin; 7° au chargement des navires marchands et autres bâtimens de commerce maritime;

Art. 8. Sont également exceptés des

défenses ci-dessus, les meûniers et les ouvriérs employés 1° à la moisson et autres récoltes; 2° aux travaux urgens de l'agriculture; 3° aux constructions et réparations motivées par un péril imminent, à la charge, dans ces deux derniers cas, d'en demander la permission à l'autorité municipale;

Art. 9. L'autorité administrative pourra étendre les exceptions ci-dessus aux usages locaux;

Art. 10. Les lois et réglemens de police antérieurs, relatifs à l'observation des fêtes et dimanches, sont et demeurent abrogés. Voy. *Gardes champêtres.*

FIGURES CONTRAIRES AUX MOEURS. Voy. *Ecrits.*

FOUILLES. Voy. *Chemins,* — *Voie publique.*

FOURRIÈRE. V. *Bestiaux à l'abandon.*

FOURS. Voy. *Visite des fours et cheminées.*

FOUS. V. *Furieux.*

FRAIS. — Condamnation. La partie qui succombera sera condamnée aux frais, même envers la partie publique. Ils seront liquidés par le jugement. (*Code d'instr. crim.*, 162.) Voy. *Ministère public*, — *Gardes champêtres.*

FRUITS. Ceux qui, sans autre circonstance prévue par les lois, auront cueilli ou mangé, sur le lieu même, des fruits appartenant à autrui, sont passibles d'amende de 1 à 5 francs. (*Code pénal*, 471, n° 9.)

FUMIER. — Dépôt. Voyez *Chemins, Voie publique.*

FURIEUX. — Divagation. Ceux qui auraient laissé divaguer des fous ou furieux étant sous leur garde, quand même il n'en serait résulté aucun mal ni dommage, sont passibles d'amende de 6 à 10 francs. (*Code pén.*, 475, n° 7.) Voy. *Animaux.*

GARDES CHAMPÊTRES et FORESTIERS. Les gardes champêtres et forestiers n'ont de caractère que pour cons-

tater les délits et les contraventions qui
ont porté atteinte aux propriétés rurales
et forestières.

Dans tout autre cas, leurs procès-
verbaux ne sont d'aucun poids pour
constater les faits qu'ils énoncent; enfin,
leurs devoirs sont tracés par l'art, 16
du code d'instruction criminelle, dont
voici les dispositions :

« Les gardes champêtres et les gardes
« forestiers, considérés comme officiers
« de police judiciaire, sont chargés de
« rechercher, chacun dans le territoire
« pour lequel ils auront été assermen-
« tés, les délits et les contraventions de
« police qui auront porté atteinte aux
« propriétés rurales et forestières.

« Ils dresseront des procès-verbaux
« à l'effet de constater la nature, les
« circonstances, le temps, le lieu des
« délits et des contraventions, ainsi que
« les preuves et les indices qu'ils auront
« pu en recueillir.

« Ils suivront les choses enlevées

« dans les lieux où elles auront été
« transportées, et les mettront en sé-
« questre : ils ne pourront néanmoins
« s'introduire dans les maisons, ate-
« liers, bâtimens, cours adjacentes et
« enclos, si ce n'est en présence, soit
« du juge de paix, soit de son sup-
« pléant, soit du commissaire de police,
« soit du maire du lieu, soit de son
« adjoint; et le procès-verbal qui devra
« en être dressé sera signé par celui en
« présence duquel il aura été fait.

« Ils arrêteront et conduiront devant
« le juge de paix ou devant le maire
« tout individu qu'ils auront surpris
« en flagrant délit, ou qui sera dénoncé
« par la clameur publique, lorsque ce
« délit emportera la peine d'emprison-
« nement ou une peine plus grave. Ils
« se feront donner, pour cet effet, main-
« forte par le maire ou par l'adjoint du
« lieu, qui ne pourra s'y refuser. »
(Cass., 13 février 1819.)

Les gardes champêtres ou forestiers

ne peuvent, en aucun cas, être condamnés par un tribunal de police; attendu que, placés sous la surveillance des procureurs du roi (*Code d'instruction criminelle, art.* 17), c'est à ces magistrats qu'appartient exclusivement le droit de les poursuivre à raison des crimes, des délits ou fautes qu'ils peuvent commettre dans l'exercice de leurs fonctions. (*Cass, 4 octobre* 1811 *et* 27 *juin* 1812.)

On doit remarquer qu'il ne s'agit ici que de peines de police, et que les arrêts ci-dessus cités n'ont pas abrogé les dispositions de l'art. 7 de la sect. 7 du titre 1er de la loi du 28 septembre 1791, qui rend les gardes champêtres responsables des dommages commis sur le territoire confié à leur garde, dans le cas où ils négligeraient de faire, dans les vingt-quatre heures, les rapports des délits. Cette dernière action est purement civile.

— PROCÈS-VERBAUX. — NULLITÉ. La

mention de la demeure des gardes champêtres, dans leurs procès-verbaux, n'est
pas nécessaire à peine de nullité. (*Cass.*,
27 *juin* 1812.)

Les procès-verbaux doivent être écrits
par les maires ou adjoints, ou les gardes
eux-mêmes, à peine de nullité. (*Cass.*,
13 *mars* 1812, 1er *juillet* 1813, 12 *avril*
1817, 2 *décembre* 1819 et 26 *juillet* 1821
Journ. du Pal., *tom.* 33, *pag.* 290.)

Le dernier de ces arrêts semblerait,
au premier aperçu, devoir ne s'appliquer qu'aux gardes forestiers; mais, en
lisant les conclusions du ministère pu-
plic; dont les motifs ont été adoptés par
la cour, il est facile de se convaincre
que les dispositions de cet arrêt s'appliquent également aux gardes champêtres; d'ailleurs, le code d'instruction
criminelle exige la même rédaction pour
les procès-verbaux de ces divers agens.
Voy. *Preuve*, — *Procès-Verbaux*.

GLANAGE. — Grappillage. — Rate-
lage. Ceux qui, sans autres circons-

tances, auront glané, râtelé ou grapillé dans les champs non encore entièrement dépouillés et vidés de leurs récoltes, ou avant le moment du lever ou après celui du coucher du soleil, sont passibles d'amende de 1 à 5 francs. (*Code pénal*, 471, n° 10.)

La peine d'emprisonnement, pendant trois jours au plus, pourra être prononcée, suivant les circonstances. (*Ibid.* 473.)

GLANEURS. Voy. *Glanage*.

GRAPPILLAGE. Voy. *Glanage*.

GRAVURES CONTRAIRES AUX MŒURS. Voy. *Écrits*.

GREFFIERS. — Service. — Obligations. Dans les communes où il n'y a qu'un juge de paix, son greffier doit faire le service pour les affaires de police. (*Code d'instr. crim.*, 141.)

S'il y a plusieurs juges de paix, il doit y avoir un greffier particulier pour la police. (*Ibid.* 142.)

Le greffier fait lecture, à l'audience, des procès-verbaux. (*Ibid.* 153.)

Il tient note des dépositions des témoins. (*Ibid.* 155.)

Il est tenu de faire signer, dans les vingt-quatre heures, par le juge qui a tenu l'audience, la minute des jugemens, à peine de 25 francs d'amende et de prison à partie, s'il y a lieu, tant contre le juge que contre le greffier. (*Ibid.* 164.)

Les greffiers des maires sont présentés par eux; ils prêtent serment au tribunal de police correctionnelle. (*Ib.* 168.)

Le greffier doit assister à l'audience, à peine de nullité. (*Cass.*, 25 *février* 1819.) Voy. *Extrait*, — *Instruction*.

HOTELIERS. Voy. *Aubergistes*.

HUISSIERS. — AUDIENCE DE POLICE. — SERVICE. Les huissiers des juges de paix feront le service pour les affaires de police. (*Code d'instr. crim.*, 141.) Voy. *Citations*.

IMMONDICES. Ceux qui imprudemment auront jeté des immondices sur quelque personne sont passibles d'amende de 1 à 5 francs. (*Code pénal,* 471, *n°* 12.)

S'ils l'ont fait volontairement, l'amende sera de 6 à 10 francs. (*Ibidem,* 475, *n°* 8.)

Il y a lieu, dans ce dernier cas, suivant les circonstances, à la détention pendant trois jours au plus. (*Ib.* 476.)

— Blessures. Ceux qui, en jetant sur quelqu'un des immondices ou une chose quelconque, de nature à nuire, lui ont causé des blessures, sont passibles d'une peine plus forte que si la chose jetée n'eut causé aucun préjudice. Dans ce dernier cas, le tribunal de simple police est incompétent, le délinquant ayant encouru la peine prononcée par les art. 319 et 320 du code pénal. (*Cass.,* 20 *juin* 1812.) V. *Edifices.* — *Chemins,* — *Voie publique.*

INCENDIE. — Tumulte. — Nau-

FRAGE. — INONDATION. — PILLAGE. — BRIGANDAGE. — CLAMEUR PUBLIQUE. — EXÉCUTION JUDICIAIRE. — REFUS DE SECOURS. Ceux qui, le pouvant, auront refusé ou négligé de faire les travaux, le service, ou de prêter le secours dont ils auront été requis dans les circonstances d'accidens, tumulte, naufrage, inondation, incendie ou autres calamités, ainsi que dans les cas de brigandage, pillage, flagrant délit, clameur publique ou exécution judiciaire, sont passibles d'amende de 6 à 10 francs. (*Code pénal*, 475, n° 12.)

INJURES VERBALES. Ceux qui, sans avoir été provoqués, auront proféré contre quelqu'un des injures autres que celles prévues depuis l'art. 367 jusques et y compris l'art. 378 du code pénal, sont passibles d'amende de 1 à 5 francs. (*Code pénal*, 471, n° 11.)

Les art. 102, 217, 367, 368, 369, 370, 371, 372, 374, 375 et 377 du code pénal ayant été abrogés par la loi du 17 mai 1819, on doit se reporter aux dispositions du chapitre 5 de cette loi pour faire la distinction qu'énonçait l'article 471 du code pénal. Les diverses peines que cette loi inflige n'étant pas du ressort des tribunaux de police, on se bornera à transcrire ici l'art. 20 qui a rapport à la matière traitée dans cet ouvrage.

« Néanmoins, l'injure qui ne renfer-
« merait pas l'imputation d'un vice
« déterminé, ou qui ne serait pas
« public, continuera d'être punie des
« peines de simple police. »

La poursuite en réparation d'injure ne peut avoir lieu qu'à requête de la partie injuriée ou offensée. (*Loi du 25 mars 1822, art.* 17.

Les injures punissables des peines de simple police ne sont autre chose que des paroles ou expressions outrageantes, sans reproche d'aucun fait positif ni vice déterminé; et, dans ce dernier cas, si les injures n'ont pas été proférées dans des lieux ou réunions publiques, elles sont encore du ressort de la police municipale. Les chansons satyriques appartiennent à cette classe. (*Compétence des juges de paix.*)

Il n'y a pas lieu à action pour injures verbales contre un fonctionnaire public qui, dans l'exercice de ses fonctions, croyant découvrir une fraude, l'impute ouvertement à un autre fonctionnaire public, et en dresse procès-verbal.

Un tribunal de police ne peut prononcer une réparation d'honneur, ni condamner celui qui a tenu des propos injurieux à les rétracter à l'audience. (*Cour de cass.*, 10 *floréal an* 10 *et* 22 *vendémiaire an* 11.)

—SORCELLERIE.—IMPUTATION. L'imputation du fait de sorcellerie est une injure punissable des peines de simple police. (*Cass.*, 17 *mai* 1811.)

— AGENS DU GOUVERNEMENT. Les agens du gouvernement, et singulièrement les employés des contributions indirectes et des douanes, ne peuvent être poursuivis pour injures qu'ils auraient proférées dans l'exercice de leurs fonctions, sans autorisation du directeur général. (*Cass.*, 16 *mai* 1807 *et* 12 *juin* 1809.)

Celui qui a été la cause directe ou indirecte d'un tort fait à la réputation d'autrui doit une réparation à la personne offensée. Ainsi jugé par arrêt de la cour de cassation du 29 février 1812, dans l'espèce suivante :

« Le 23 février 1810, le sieur L.... rend « plainte d'un prétendu vol qui aurait été « fait en son domicile. Personne n'est dési-« gné dans la plainte; mais la domestique et « le portier du sieur L.... font une déclara-« tion, sans avoir été mandés, qui fait planer « des soupçons sur le sieur D.... S....; celui-« ci est emprisonné, puis relâché faute de « preuves.

« Le sieur L.... n'a pas désavoué les décla-« rations de ses domestiques; au contraire, « il s'est attaché à rendre hommage à leur « probité.

« Sorti de prison, le sieur D.... S.... a in-« tenté action contre le sieur L...., en dom-

« mages-intérêts, fondé sur les dispositions
« des art. 1382, 1383 et 1384 du code civil.

« La cour faisant droit, etc. »

— DÉTENTION. On ne peut prononcer
la détention pour injures verbales qu'en
cas de récidive. (*Cas.*, 13 *décemb.* 1811.)

En matière d'injures verbales, la réparation publique envers l'offensé fait partie de la peine; en conséquence, elle ne peut être ordonnée que dans le cas où la loi la prononce. (*Cass.*, 28 *mars* 1812.)

Les peines pour injures verbales, et notamment la réparation d'honneur, ne peuvent être prononcées que par les tribunaux de police. Les tribunaux civils ne peuvent prononcer que sur des réparations purement civiles.

Un jugement qui, en prononçant la réparation, n'en assure pas l'exécution par une peine pécuniaire qui puisse au besoin en tenir lieu, est nul comme étant illusoire dans son objet. (*Cass.*, 20 *juillet* 1812.)

Il n'y a point injures verbales, lorsqu'un individu dit à un autre qu'il a la teigne ou la gale. (*Cass.*, 15 *janv.* 1808.)

On ne peut considérer comme injures verbales des propos, même grossiers, qui ne portent point atteinte à la probité, à l'honneur, à la réputation ou au crédit de l'individu qu'ils concernent. (*Cass.*, 8 *septembre* 1809.)

La vérité des injures n'excuse pas celui qui les a proférées. (*Cass.*, 26 *avril* 1810.)

Pour caractériser le délit de calomnie prévu par l'art. 367 du code pénal, il suffit qu'une imputation de calomnie soit proférée dans un lieu public, bien qu'elle n'ait été entendue que par un petit nombre de spectateurs. (*Cass.*, 2 *juillet* 1812.)

Il en serait encore de même sous l'empire de la loi du 17 mai 1819 qui régit actuellement la matière.

Sur une demande en règlement de juges, la cour de cassation, section des

requêtes, a rendu un arrêt qui émet
en principe que le tribunal de police
simple est seul compétent pour connaître des injures verbales, quelle que soit
la gravité du fait imputé à celui qui
s'en plaint, et quoique le fait, s'il était
vrai, pût être qualifié délit.

Le fait reproché était grave, puisque
le prévenu était accusé d'avoir dit que
le plaignant avait été surpris avec sa
fille *in rebus venereis*.

Cet arrêt semblerait, au premier
aperçu, être contraire aux dispositions
des art. 367 et 471 du code pénal; mais,
comme l'exposé des faits n'établit pas
que ces injures aient été proférées dans
des lieux ou réunions publiques, il s'ensuit, en l'absence de cette circonstance,
que la contravention rentre dans les
attributions du juge de simple police,
et que la peine infligée par l'art. 471
du code pénal est seule applicable. Voy.
*Instruction, — Juges de paix, — Ca-
lomnie, — Cassation, — Jugement.*

INSTRUCTION. L'instruction sera publique, à peine de nullité. « Les tribunaux de police peuvent, selon les circonstances, tenir l'audience à huis clos. » (*Art.* 64 *de la charte; Cass.*, *entre autres du* 9 *juillet* 1825.)

Elle doit se faire dans l'ordre suivant : Les procès-verbaux, s'il y en a, seront lus par le greffier; les témoins, s'il en a été appelé par le ministère public ou la partie civile, seront entendus, s'il y a lieu; la partie civile prendra ses conclusions; la partie citée proposera sa défense et fera entendre ses témoins, si elle en a amené ou fait citer, et si elle est recevable à les produire.

Le ministère public résumera l'affaire et donnera ses conclusions; la partie citée pourra proposer ses observations. (*Code d'instr. crim.*, 153.) Voy. *Ministère public.*

Encore bien qu'un juge de paix ait déclaré, à son audience civile, un individu coupable d'injures envers un autre, il ne peut, en renvoyant l'affaire au tribunal de police, se dispenser, pour prononcer son jugement, de suivre l'instruction telle qu'elle est ordonnée par la loi. (*Cass.*, 11 *octobre* 1810.)

Il en est de même dans le cas où un juge d'instruction aurait entendu des témoins sur un délit qui, ensuite, serait renvoyé au tribunal de police. (*Cass.*, 29 *décembre* 1815.) V. *Jugemens,* — *Témoins.*

INTERPRÈTES DE SONGES. Voy. *Devins.*

JEU. Lorsqu'un réglement de police défend aux cabaretiers et maîtres de maisons de jeux de recevoir *qui que ce soit* chez eux, après certaine heure, il suffit qu'après l'heure indiquée on ait trouvé ces cabarets et maisons ouverts et des personnes qui y jouaient, pour qu'il y ait contravention audit réglement, quoiqu'il ne soit pas prouvé que les maîtres de ces maisons aient donné à boire. (*Cass.*, 8 *mars* 1822.)

JEUX DE HASARD. Ceux qui auront établi, dans les rues, chemins, places ou lieux publics, des jeux de loterie ou d'autres jeux de hasard, sont passibles d'amende de 6 à 10 francs. (*Code pénal, 475, n° 5.*)

Les tables, instrumens, appareils des jeux ou des loteries établis dans les rues, chemins et voies publiques, ainsi que les enjeux, les fonds, denrées, objets ou lots proposés aux joueurs, seront saisis et confisqués. (*Code pénal, 477.*)

JUGES DE PAIX. — Juges de police. Avant le jour de l'audience, le juge de paix, sur la réquisition du ministère public ou de la partie civile, pourra estimer ou faire estimer les dommages, dresser ou faire dresser des procès-verbaux, faire ou ordonner tous actes requérant célérité. (*Code d'instr. crim., 148.*)

M. Henrion de Pansey, dans son traité de la compétence des juges de paix, dit :

« Dans tous les cas où l'amende doit
« égaler l'indemnité, le juge de paix ne
« peut se nantir de l'affaire, sans, au
« préalable, avoir procédé ou fait pro-
« céder à l'estimation du dommage, sur
« le réquisitoire du ministère public,
« ou sur la provocation du maire ou
« des gardes champêtres, en présence
« de ces fonctionnaires ou d'experts.
« Dans le cas où le dommage serait
« estimé à une somme excédant celle
« de 15 francs, il doit renvoyer à la
« police correctionnelle; et, dans le
« cas contraire, il retient et juge
« l'affaire. »

Un arrêt de la cour de cassation est
contre cette opinion; il décide, au principe, que la compétence ne peut être
réglée que par l'étendue de la peine
dont le fait est susceptible, et que le
juge de paix ne peut préalablement
ordonner une expertise pour fixer sa
compétence; ainsi l'art. 148 du code
d'instruction criminelle ne peut s'appli-

quer aux cas où il s'agit d'établir cette compétence. (*Arrêt du 4 avril 1823.*)

Les juges de paix doivent juger conformément aux arrêtés pris par les municipalités, *en matière de police locale;* ils ne peuvent les changer ni modifier, quand même ces arrêtés ne seraient pas revêtus de la confirmation du préfet. (*Cass., 25 ventose et 15 prairial an 12.*) Voy. *Ordonnance de police,* — *Compétence,* — *Jugement,* — *Extrait,* — *Greffier.*

JUGEMENT. — Prononciation. — Forme. Le jugement sera prononcé par le tribunal de police, dans l'audience où l'instruction aura été terminée, et, au plus tard, dans l'audience suivante, (*Code d'instr. crim., 153.*)

Si le fait ne présente ni délit ni contravention de police, le tribunal annulera la citation et tout ce qui aura suivi, et statuera, par le même jugement, sur les demandes en dommages-intérêts. (*Ibid. 159.*)

Si le fait est un délit qui emporte une peine correctionnelle ou plus forte, le tribunal renverra les parties devant le procureur du roi. (*Ibid.* 160.)

Si le prévenu est convaincu de contravention de police, le tribunal prononcera la peine, et statuera, par le même jugement, sur les demandes en restitution et en dommages-intérêts. (*Ibid.* 161.)

Tout jugement définitif de condamnation sera motivé, et les termes de la loi appliquée y seront insérés, à peine de nullité.

Il y sera fait mention s'il est rendu en dernier ressort ou en première instance. (*Ibid.* 163.)

Toutes les fois que le tribunal de police fait droit aux conclusions civiles, il doit prononcer l'amende, encore bien que le ministère public n'ait pas conclu. (*Cass,* 24 *nivose an* 11.)

Quoique le ministère public ait conclu à ce que le prévenu soit renvoyé de la plainte; si le tribunal a fait droit aux conclusions civiles, et qu'il soit convaincu qu'il y a eu contravention, il peut prononcer la peine encourue. (*Cass*, 14 *pluviose an* 12.)

— ACTION CIVILE. — TEXTE DE LA LOI. Un jugement rendu en matière de police ne doit pas, à peine de nullité, contenir le texte de la loi en vertu duquel il prononce des dommages-intérêts au profit de la partie civile, et celui d'après lequel il soumet, pour ces dommages-intérêts, la partie condamnée à la contrainte par corps, attendu que la peine de nullité prononcée par l'art. 163 du code d'instruction criminelle ne s'applique qu'au défaut d'insertion de la loi pénale dans un jugement de simple police; que les condamnations civiles ne sont pas une peine proprement dite, et que la contrainte par corps n'est elle-même qu'un moyen civil de faire exécuter les dommages-intérêts adjugés. (*Cass.*, 25 *avril* 1815.)

— INCOMPÉTENCE. — APPEL. Un jugement de simple police, déclarant purement et simplement l'incompétence du tribunal, n'est pas attaquable par la voie de l'appel. (Cass., 18 juillet 1817 et 11 juin 1818.)

— INJURES VERBALES. — INJURES ÉCRITES. Un jugement de police, qui prononce à la fois sur des injures verbales et sur des injures écrites, est nul pour le tout. (Cass., 18 novembre 1808.) Voy. *Extrait,* — *Exécution,* — *Frais,* — *Greffier,* — *Instruction,* — *Minute,* — *Juges de paix,* — *Arrêtés administratifs,* — *Ministère public.*

LIMONADIERS. Voy. *Aubergistes,* — *Jeu.*

LOGEURS. Voy. *Aubergistes.*

LOTERIE. Voy. *Jeux de hasard.*

LOUEURS DE MAISONS GARNIES. Voy. *Aubergistes.*

MAIRES. Voy. *Compétence,* — *Ministère public,* — *Ordonnance de police,* — *Actes administratifs.*

MAISONS. Voy. *Edifices.*

MAISONS DE JEU. Voy. *Jeu.*

MATÉRIAUX. (Dépôt de) V. *Voie publique, — Animaux.*

MESURES. Voy. *Poids.*

MINISTÈRE PUBLIC. Les fonctions du ministère public sont exercées, devant le juge de paix, par le commissaire de police; s'il n'y en a pas, par le maire de la commune chef-lieu de canton, lequel peut déléguer son adjoint. (*Code d'instr. crim.*, 144.)

Auprès des maires jugeant en matière de police, les fonctions du ministère public seront remplies par l'adjoint; en cas d'absence de l'adjoint, ou lorsqu'il remplace le maire comme juge de police, elles le seront par un membre du conseil municipal désigné à cet effet par le procureur du roi, et pour une année entière. (*Ibid.* 167.)

Le ministère public ne peut intenter d'action que dans l'intérêt de la société, et jamais lorsqu'il ne s'agit que de l'intérêt privé d'un particulier.

Singulièrement son action est non recevable, et le juge de police incompétent, pour prononcer sur la prétention que les fosses d'aisance d'un particulier infectent les eaux du puits des voisins. (*Cass.*, 8 *septembre* 1809.)

Un tribunal de police ne peut procéder à l'instruction et au jugement d'un délit qui lui est dénoncé, hors la présence de l'officier remplissant les fonctions du ministère public. Il ne peut non plus donner défaut contre lui. (*Cass.*, 24 *décembre* 1813, 9 *juillet* 1825 *et autres.*)

Le ministère public, succombant dans son action, ne peut, en aucun cas, être condamné personnellement aux dépens. (*Cass.*, 23 *mai* 1817.)

Nulle loi n'autorise à récuser l'officier remplissant les fonctions du ministère public. (*Cass.*, 14 *janvier* 1811.) Voy. *Adjoints, — Commissaires de police.*

MINUTE DE JUGEMENT. Voyez *Greffier*.

MONNAIES (Refus de). Ceux qui auraient refusé de recevoir les espèces et monnaies nationales non fausses ni altérées, selon la valeur pour laquelle elles ont cours, sont passibles d'amende de 6 à 10 francs. (*Code pénal*, 475, n° 11.)

NAUFRAGE (Refus de secours en cas de). Voy. *Incendie*.

NOTE. Il sera tenu note des dépositions des témoins. Voy, *Greffier*.

OBJETS MOBILIERS. V. *Propriétés mobilières*.

OCTROIS. — Compétence. Les juges civils ne peuvent pas prononcer des amendes pour contravention en matière d'octroi. Ce sont les juges de simple police ou de police correctionnelle qui, suivant la quotité de la somme, doivent prononcer. (*C* 26 *novembre* 1810.)

OPPOSITION. — Jugement par défaut. L'opposition au jugement par défaut pourra être faite par déclaration

en réponse au bas de l'acte de signification, ou par acte notifié dans les trois
jours de la signification, outre un jour
par trois myriamètres.

L'opposition emportera, de droit,
citation à la première audience après
l'expiration des délais, et sera réputée
non avenue si l'opposant ne comparaît
pas. (*Code d'instr. crim.*, 151.) Voyez
Défaut.

ORDONNANCE ou **Réglement de
police.** L'art. 50 de la loi du 28 décembre 1789 impose aux maires l'obligation
de prendre toutes les mesures de police
propres à maintenir dans leurs communes l'ordre, la tranquillité, la salu-
brité, la commodité, la circulation des
denrées, la fidélité de leur débit, et
une juste proportion dans le prix de
celles qui, comme le pain et la viande
de boucherie, peuvent être taxées.

Tous les arrêtés et ordonnances des
maires, lorsqu'ils ont été rendus publics, sont obligatoires pour tous les

citoyens de la commune ; et, quand même ils seraient susceptibles d'homologation par l'autorité supérieure, et qu'ils n'y auraient pas été soumis, le juge de paix ne peut se dispenser de condamner les personnes qui y auraient contrevenu.

Si quelques-uns de ces arrêtés blessent la justice et même l'intérêt commun des habitans, on doit suivre la marche indiquée par la loi du 28 décembre 1789, pour en obtenir la réformation ; c'est-à-dire, se pourvoir devant le préfet.

On vient de voir que les juges ne peuvent se dispenser de condamner à l'amende les personnes qui auraient contrevenu à un arrêté de l'autorité administrative ; mais on ne doit pas perdre de vue que cette règle n'est pas générale, au contraire, qu'il y a des observations très-étendues.

La cour de cassation, par arrêt du 3 août 1810, section criminelle, a décidé

en principe : « que les tribunaux cri-
« minels, applicateurs de la loi seule-
« ment, ne peuvent puiser des condam-
« nations que dans la loi ; que, si les
« tribunaux ne peuvent pas connaître
« des actes administratifs, ni mettre
« des entraves à leur exécution, ils ne
« peuvent aider cette exécution que
« par des moyens qui rentrent dans le
« cercle de leur autorité ; qu'en ma-
« tière de police municipale, et en cas
« d'infraction aux réglemens faits par
« les administrateurs chargés de cette
« partie, les tribunaux ne peuvent pu-
« nir les infractions qu'autant que ces
« réglemens se rattachent à l'exécution
« d'une loi existante et portant une
« peine contre les controvenans, ou
« qu'ils rentrent dans les objets confiés
« à la vigilance et à l'autorité des admi-
« nistrations municipales. »

Il existe un autre arrêt rendu dans
le même sens, le 26 novembre 1819.

Lorsqu'un maire a rendu une ordonnance portant suppression d'un sentier, et qu'en contravention à cette ordonnance un particulier s'est permis de passer sur ce sentier, il est passible d'amende, encore bien qu'il prétende avoir acquis, par la prescription, le droit de passage. (*Cass.*, 4 septembre 1812.) Voy. *Exception préjudicielle,* — *Actes administratifs.*

Les maires ne peuvent faire de réglemens de police qui soumettent les habitans de leurs communes à tapisser le devant de leurs maisons pour le passage des processions de la Fête-Dieu. (*Cass., sect. réunies,* 26 *novembre* 1819.)

La contravention à une ordonnance de police prise par un maire, relativement aux objets confiés par la loi à la vigilance de l'autorité administrative, doit être punie des peines de simple police, lors même qu'aucune peine n'est prononcée par cette ordonnance. (*Cass., septembre* 1809.)

Le tribunal de police ne peut appliquer la peine établie par un réglement de police, lorsqu'elle est différente de celle que la loi a fixée. (*Cass.*, 1er décembre 1809.) Voy. *Actes administratifs.*

PACAGE. — PROHIBITIONS. Il est défendu de mener, sur le terrain d'autrui, des bestiaux d'aucune espèce, et en aucun temps dans les prairies artificielles, dans les vignes, ozeraies, dans tous les plans ou pépinières d'arbres fruitiers ou autres faits de main d'homme.

L'amende encourue pour le délit sera une somme de la valeur du dédommagement dû au propriétaire. L'amende sera double, si le dommage a été fait dans un enclos rural; et, suivant les circonstances, il pourra y avoir lieu à la détention de police municipale. (*Loi du 28 septembre 1791, art. 24 du titre 2.*)

Dans le cas précédent, le tribunal de simple police n'est compétent qu'autant que les conclusions civiles ne sont pas au-dessus de 15 francs. Voyez l'arrêt rapporté au mot *Juges de paix.*

PA.

Les conducteurs de bestiaux, revenant des foires ou les menant d'un lieu à un autre, même dans les pays de parcours ou de vaine pâture, ne pourront les laisser pacager sur les terres des particuliers ni sur les communaux, à peine d'amende de trois journées de travail, et en outre au dédommagement, Voy. *Amende.*

L'amende sera égale à la somme du dommagement, si le dommage est fait sur un terrain ensemencé ou qui n'a pas été dépouillé de sa récolte, ou dans un enclos rural.

A défaut de paiement, les bestiaux pourront être saisis et vendus jusqu'à concurrence de ce qui sera dû pour l'indemnité, l'amende et autres frais relatifs. (*Même loi, art.* 25.) Voy. *Juges de paix, — Prairie.*

PARCOURS. — Vaine Pature. Dans les lieux de parcours et de vaine pâture, comme dans ceux où ces usages ne sont point établis, les pâtres et les bergers ne pourront mener les troupeaux d'aucune espèce, dans les champs moissonnés et ouverts, que deux jours après la récolte entière. Voy. *Amende.*

L'amende sera double si les bestiaux d'autrui ont pénétré dans un enclos rural. (*Loi du 28 septembre 1791, titre 2, art. 22.*) Voy. *Enclos,* — *Prairies,* — *Pacage.*

PATRES. Voy. *Pacage,* — *Parcours,* — *Bestiaux à l'abandon.*

PASSAGE. V. *Terrain,* — *Voyageurs.*

PIERRES. Voy. *Edifices.*

PIGEONS. — Clôture. Les pigeons seront enfermés aux époques fixées par les communautés, et durant ce temps ils seront regardés comme gibier, et chacun aura droit de les tuer sur son terrain. (*Loi du 11 août 1789, art. 2.*)

Divers arrêtés pris par des préfets, en ordonnant la clôture des pigeons, avaient infligé des peines de simple police aux particuliers qui y contreviendraient; plusieurs tribunaux se sont crus obligés de déférer à ces arrêtés, et ont prononcé les peines qu'ils indiquaient; mais la cour de cassation a fait cesser toute difficulté à cet égard, par son arrêt du 27 juillet 1820 qui porte : « la « loi qui veut que les pigeons soient « renfermés aux époques fixées par les « communautés, que durant ce temps « ils soient regardés comme gibier, et « que chacun ait le droit de les tuer « sur son terrain, s'est restreinte à « cette mesure répressive. »

Les autres motifs de cet arrêt sont les mêmes que ceux de l'arrêt de la même cour, rapporté au titre *Ordonnance de police.*

PLAINTE. Voy. *Juges de paix.*

POIDS (Faux). — Mesures. Ceux qui auront de faux poids ou de fausses mesures dans leurs magasins, boutiques, ateliers ou maisons de commerce, ou dans les halles, foires ou marchés, sans préjudice des peines qui seront prononcées par les tribunaux de police correctionnelle contre ceux qui auraient fait usage de ces faux poids ou de ces fausses mesures, sont passibles d'amende de 11 à 15 francs. (*Code pénal*, 479, n° 5.)

Les faux poids et les fausses mesures seront confisqués. (*Ibid.* 481.)

Ceux qui emploient des poids et mesures autres que ceux établis par la loi sont passibles des mêmes peines. (*Ibidem*, 479, n° 6, et 481.)

Celui qui fait usage de poids et mesures non vérifiés est passible de l'amende prononcée par l'art. 479 du code pénal, comme employant des poids non légalement établis. (*Cass.*, 5 *mars* 1813.)

POLICE LOCALE. Voy. *Ordonnance de police.*

PRAIRIES ARTIFICIELLES. Voyez *Pacage.*

PRAIRIES NATURELLES. — Parcours. — Bêtes a laine. Deux arrêts du parlement de Paris, des 12 novembre 1778 et 23 janvier 1779, défendent, en tout temps, l'introduction des chèvres et des bêtes à laine dans les prairies, bois, haies et buissons, sous peine d'une amende de 3 livres par tête. Trois autres arrêts du même parlement, des 7 août 1638, 23 juillet 1721 et 28 février 1722, font les mêmes défenses. Il existe un arrêt de la même cour, du 8 mai 1653, qui permet aux bouchers de faire paître leurs moutons dans les prés fauchés, depuis le mois de juillet jusqu'à la mi-mars.

Plusieurs autres arrêts accordent la même permission.

L'auteur de la *Pratique des Terriers* dit que tous les bestiaux qui paissent sont reçus à pâturer dans les prés, à l'exception des cochons.

Les coutumes de Troyes, Nevers; celles d'Auvergne, de Normandie et de Tours permettent le pâturage des bêtes à laine dans les prés; celle d'Amiens interdit cette faculté.

Dans l'incertitude où laissent tous ces

documens, du moins pour le pays for-
mant autrefois la juridiction du parlement de Paris, il n'est d'autre moyen
que de suivre l'usage des lieux.

Mais une autre question se présente :
dans les endroits où les prés ne sont pas
soumis à la vaine pâture des moutons,
le ministère public a-t-il action pour la
répression de cette contravention? Cette
question n'a pas encore été solue. De-
nisard pense qu'il ne s'agit, dans l'espèce, que d'un délit civil, et que, par
conséquent, le ministère public n'a
aucune action.

PREUVE. — Procès-verbaux. Les
contraventions doivent être prouvées,
soit par des procès-verbaux ou rapports, soit par témoins, à défaut de rapports et procès-verbaux, ou à leur appui.

Nul ne sera admis, à peine de nullité,
à faire preuve par témoins outre ou
contre le contenu aux procès-verbaux
ou rapports des officiers de police
ayant reçu de la loi le pouvoir de con-

stater les délits ou les contraventions jusqu'à inscription de faux. Quant aux procès-verbaux ou rapports faits par des agens, préposés ou officiers auxquels la loi n'a pas accordé le droit d'en être cru jusqu'à inscription de faux, ils pourront être débattus par des preuves contraires, soit écrites, soit testimoniales, si le tribunal juge à propos de les admettre. (*Code d'instr. crim.*, 154.)

Les fonctionnaires dont les procès-verbaux font foi jusqu'à inscription de faux, et seulement pour les contraventions qu'ils constatent, sont :

Les préposés des douanes;

Les préposés des octrois;

Les préposés des contributions indirectes.

(*Lois sur ces parties.*)

Les gardes des forêts domaniales, s'il n'est pas proposé des causes valables de récusation, dans tous les cas où l'indemnité ou l'amende n'excéderait pas la somme de 100 francs. Si le délit est de nature à emporter une plus forte condamnation, le procès-verbal devra être soutenu d'un autre témoignage, comme de la signature d'un autre garde, ou de la déposition d'un témoin. (*Loi sur l'administration forestière, du 29 septembre 1791, tit. 4, art. 13 et 14.*);

Les gardes forestiers des communes et établissemens publics, nommés et commissionnés par l'administration forestière, sous les modifications des art. 13 et 14 de la loi sus-citée.

Les fonctionnaires dont les procès-verbaux ne font foi que jusqu'à preuve contraire sont les gardes champêtres des communes et des particuliers. (*Lois des 22 avril 1790, art. 8, et 6 octobre 1791, art. 7. Cass., 9 février 1815.*);

Les gardes forestiers des particuliers. (*Répertoire de M. Merlin, vol. des bois, page 513.*);

Tous les officiers de police judiciaire, commissaires de police, gendarmes, adjoints et maires.

Voy. *Gardes champêtres*, — *Procès-verbaux.*

PRESCRIPTIONS. L'action publique et l'action civile, pour une contravention de police, sont prescrites après une année révolue, à compter du jour où elle aura été commise, même lorsqu'il y aura eu procès-verbal, saisie, instruction ou poursuite, si, dans cet intervalle, il n'est point intervenu de condamnation; s'il y a eu un jugement définitif de première instance, de nature à être attaqué par voie de l'appel, l'action publique et l'action civile se prescriront après une année révolue, à compter de la notification de l'appel qui en aura été interjeté. (*Code d'instr. crim.*, 640.)

Telle est la règle : après une année révolue, à compter du jour de la contravention, celui qui en est l'auteur est à l'abri de toute poursuite; mais cette règle reçoit une exception; elle est écrite dans l'art. 643 du même code, qui

porte : « les dispositions du présent
« chapitre ne dérogent point aux lois
« particulières relatives à la prescrip-
« tion des actions résultant de certains
« délits ou de certaines contraven-
« tions. »

Cette exception s'applique aux délits
forestiers, qui se prescrivent par trois
mois, lorsque les contrevenans sont
connus, et par le délai d'un an, lorsqu'ils sont inconnus. (*Loi forestière du*
15 septembre 1791, *titr.* 9, *art.* 8.) ;

Aux délits ruraux, qui se prescrivent
dans le mois, suivant les dispositions
de la loi du 28 septembre 1791, titre
1er, sect. 7, art. 8.

Une plainte formée dans l'intervalle
ne suffirait pas pour interrompre cette
prescription; il faut, pour qu'elle soit
interrompue, que le prévenu soit cité
avant l'expiration du mois. (*Cass.,* 2
messidor, an 13.)

La prescription se trouve interrompue par tout acte fait pendant le mois,

et singulièrement par des procès-verbaux constatant la recherche de l'auteur du délit, encore bien que l'assignation ne lui ait été donnée qu'après l'expiration du mois. (*Cass.*, 18 *août* 1819.)

Nota. Dans le cas qui a donné lieu à l'arrêt qui précède, le délinquant n'était pas connu lorsque le délit a été constaté, autrement la prescription eût été acquise, ainsi qu'il est ci-devant expliqué.

. La prescription d'un mois, établie par la loi du 28 septembre 1791, en matière de délits ruraux, est tellement absolue que, dans le silence de la partie, elle doit être prononcée d'office. (*Cass.*, 12 *août* 1808.)

PROCÈS-VERBAUX. — Gardes. — Nullités. Les procès-verbaux des gardes doivent être affirmés dans les vingt-quatre heures et enregistrés dans les quatre jours de leur date. (*Loi du* 28 *septembre* 1791.)

Il n'est pas nécessaire que l'acte d'affirmation fasse mention du lieu où il a été reçu ; il suffit qu'il soit constaté qu'il a été rédigé dans les vingt-quatre heures de la date du procès-verbal. (*Cass.*, 11 *janvier* 1817.)

Le défaut d'enregistrement d'un procès-verbal de garde champêtre, dans les quatre jours de sa date, ne le rend pas nul ; seulement, il ne peut servir de base à un jugement qu'après cette formalité remplie. (*Cass.*, 10 *mai* 1807, 3 *septembre* 1808 *et* 18 *février* 1820.)

Les gardes champêtres peuvent dresser des procès-verbaux contre leurs parens, nonobstant les dispositions des art. 156 et 322 du code d'instruction criminelle, qui défendent d'entendre en témoignage les parens et alliés des prévenus. (*Cass.*, 7 *novembre* 1817.) Voyez *Gardes champêtres*, — *Preuve*.

PRODUCTIONS DE LA TERRE. — Blé en vert, etc. Si quelqu'un, avant sa maturité, coupe ou détruit de petites parties de blé en vert ou d'autres productions de la terre, sans intention ma-

nifesto de les voler, il paiera, en dédommagement, au propriétaire, une
somme égale à la valeur que l'objet
aurait eu dans sa maturité. Il sera condamné à une amende égale à la somme
du dédommagement. (*Loi du 28 septembre 1791, titre 2, art. 28.*) V. *Juges
de paix,* — *Compétence* — et le code pénal,
art. 449 et 450.

PRONOSTIQUEURS, Voy. *Devins.*

PROPRIÉTÉS MOBILIÈRES —
Dommage. Ceux qui, hors les cas prévus
depuis l'art. 434 jusques et y compris
l'art. 462, auront volontairement causé
du dommage aux propriétés mobilières
d'autrui, seront passibles d'amende de
11 à 15 francs. (*Code pénal, 479, n° 1er.*)

RAPPORTS. Voy. *Preuve,* — *Procès-
verbaux,* — *Commissaires de police.*

RASSEMBLEMENS INJURIEUX ou
NOCTURNES. Voy. *Auteurs de.*

RÉCIDIVE. — Peines. En cas de récidive, ceux qui auront encouru l'a-

mende de 1 à 5 francs sont passibles de la détention pendant trois jours au plus. (*Code pénal, 474.*)

Ceux qui auront encouru l'amende de 6 à 10 fr. sont passibles d'une détention pendant cinq jours au plus. (*Ibid. 478.*)

Ceux qui auront été condamnés à une amende de 11 à 15 francs seront condamnés à une détention de cinq jours. (*Ibid. 482.*)

Il y a récidive lorsqu'il aura été rendu contre le contrevenant, dans les douze premiers mois précédens, un premier jugement pour contravention de police commise dans le ressort du même tribunal. (*Ibid. 483.*)

Pour les contraventions prononcées en vertu de la loi de 1791, toutes les amendes ordinaires, qui n'excéderont pas la somme de trois journées de travail, seront doubles en cas de récidive dans l'année, ou si le délit a été commis avant le lever ou après le coucher du soleil; elles seront triples quand les deux circonstances se trouveront réunies. (*Loi du 28 septembre 1791, titre 2, art. 4.*) V. *Bois-taillis.*

RÉCOLTES. Voy. *Productions de la terre, — Terrain.*

Les mots de l'article 475, n° 1er du code pénal : « Ceux qui auront contrevenu » aux bans de vendanges ou autres bans » autorisés par les réglemens, » qu'il rend passibles d'amende de 6 à 10 fr., ne s'appliquent pas à toutes les proclamations que les municipalités peuvent faire en vertu des réglemens. Leur signification doit en être restreinte aux proclamations qui ont pour objet le temps des récoltes, et tant que l'art. 2 du titre 1er, sect. 5 du code rural de 1791, ne sera pas modifié par un nouveau code rural, la disposition de l'art. 475 ne pourra recevoir d'application qu'aux proclamations ou bans des municipalités qui auront eu pour objet de déterminer les époques où la deuxième herbe de prés, qui ne deviennent communs qu'après la coupe de la première, peut être abandonnée à la pâture des bestiaux. Cette pâture doit, en effet, être considérée comme une véritable récolte. (*Cass.*, 29 *janvier* 1813.)

Les tribunaux de police à qui appartient la connaissance des contraventions aux bans de vendanges ne peuvent, en y statuant, critiquer ni se dispenser d'exécuter les arrêtés des maires ou des préfets qui établissent ces bans. (*Cass.*, 16 *novembre* 1810.)

RÉPARATION D'HONNEUR. Voyez *Injures verbales*.

REPRISES DE TERRE. Ceux qui auront retourné une ou plusieurs raies de terre du champ de leur voisin, s'il était ensemencé, pour joindre à celui qu'ils exploitent, quand bien même la portion retournée aurait précédemment fait partie de leur pièce, sont passibles des peines prononcées par l'art. 28 du titre 2 de la loi du 28 septembre 1791. Voyez *Productions de la terre*.

D'après une circulaire du ministre de la justice, du 1er frimaire an 5, le retour de terre non ensemencée aurait été passible d'amende, par application du n° 8 de l'art. 605 du code de brumaire an 4, portant : « Les auteurs de.... voies de « fait.... etc. ; » mais, la cour de cassation, par arrêt du 4 octobre 1810, a décidé que l'usurpation de terre ne donne lieu qu'à l'action civile ; ainsi il n'y a d'action publique que dans le cas où la portion de terrain retournée aurait été précédemment ensemencée et la semence endommagée.

RESPONSABILITÉ. — Action publique. — Action civile. Le père, et la mère après le décès du mari, sont responsables du dommage causé par leurs enfans mineurs habitant avec eux ; les maîtres et les commettans, du dommage causé par leurs domestiques et préposés dans les fonctions auxquelles ils les ont employés ; les instituteurs et les artisans, du dommage causé par leurs élèves et apprentis, pendant le temps qu'ils sont sous leur surveillance.

La responsabilité ci-dessus a lieu, à moins que les père et mère, instituteurs et artisans ne prouvent qu'ils n'ont pu empêcher le fait qui donne lieu à cette responsabilité. (*Code civil*, 1384.)

Le propriétaire d'un animal, ou celui qui s'en sert, pendant qu'il est à son usage, est responsable du dommage que l'animal a causé, soit que l'animal fût sous sa garde, soit qu'il fût égaré ou échappé. (*Ibid.* 1385.)

Le propriétaire d'un bâtiment est responsable du dommage causé par sa ruine, lorsqu'elle est arrivée par une suite du défaut d'entretien, ou par le vice de sa construction. (*Ibid.* 1386.)

Les responsabilités qui précèdent n'ont lieu qu'envers la partie civile, et pour les dommages-intérêts prononcés à son profit; cette responsabilité ne s'étend ni à l'amende considérée comme une peine appliquée au contrevenant personnellement, ni aux dépens envers la partie publique, à moins d'une disposition expresse de la loi, pour des cas particuliers.

Par arrêts de la cour de cassation des 6 juin 1811 et 13 mai 1813, il a été jugé que le mari et le maître ne sont pas, en matière d'injures, responsables civilement de leurs femme et domestiques.

Le maître n'est pas responsable de l'amende prononcée contre ses domestiques, en matière de délits ruraux, ainsi jugé dans l'espèce suivante :

« Au mois d'avril 1818, deux domestiques du sieur Vuillemain passèrent avec un charriot attelé de deux bœufs et d'un cheval dans un bois appartenant au sieur Laroyenne ; il en fut dressé procès-verbal par le garde champêtre. Par exploit du 5 mai suivant, citation fut donnée au sieur Vuillemain, de la part du sieur Laroyenne, pour être condamné, comme civilement responsable du fait de ses domestiques, au paiement de la somme de 15 francs, à titre de dommages-intérêts, sauf au ministère public à prendre telles conclusions qu'il jugera à propos. Les auteurs du délit ne furent pas mis en cause.

« Par jugement du 30 mai rendu sur les conclusions du ministère public, le sieur Vuillemain fut condamné à 6 francs d'amende.

« Sur l'appel, arrêt qui annulle le jugement de première instance.

« Pourvoi en cassation par Laroyenne, sur lequel est intervenu arrêt portant :

« La cour, attendu que la responsabilité civile, dans les affaires criminelles, correctionnelles et de police, ne peut, à moins d'une disposition expresse et spéciale de la loi, être étendue aux peines que la loi prononce contre les auteurs, ou complices du fait ; que ni l'article 7 du titre 2 du code rural de 1791, ni aucune autre loi, n'ayant soumis les civilement responsables d'un délit rural aux peines encourues par ceux qui s'en sont personnellement rendus coupables, il s'ensuit, dans l'espèce, que le sieur Vuillemain n'était point passible de l'amende que ses domestiques pouvaient avoir encourue, d'après l'art. 471, n° 10 du code pénal, pour avoir fait ou laissé passer les bestiaux de leur maître sur le terrain du réclamant. » (*Arrêt du 11 septembre 1818.*)

RETOURNEMENT DE TERRE.
Voy. *Reprises de terre.*

RUES. Si elles sont une suite de la route, elles sont considérées comme route; autrement elles sont considérées comme chemins vicinaux. V. *Chemins,* — *Voie publique.*

SECOURS (Refus de). V. *Incendie.*

SERMENT. Voy. *Témoins.*

SOLIDARITÉ. L'indemnité et l'amende sont dues solidairement par les délinquans. (*Loi du 28 septembre 1791, titre 2, art.* 3.)

TAPAGES. Voy. *Auteurs de.*

TÉMOINS. — Serment. — Récusation. — Non comparution. — Peine. Les témoins feront, à l'audience, sous peine de nullité, le serment de dire toute la vérité, rien que la vérité, et le greffier en tiendra note, ainsi que de leurs noms, prénoms, âge, profession et demeure, et de leurs principales déclarations. (*Code d'instr. crim.,* 155.)

La formule du serment, telle que la

loi l'indique, est indispensable; ainsi, par exemple, le jugement qui porterait que les témoins ont fait serment de dire la vérité, rien que la vérité, serait sujet à cassation. (*Cass., arrêts divers, notamment du 9 juillet* 1825.)

Les ascendans ou descendans de la personne prévenue, ses frères et sœurs, ou alliés en pareil degré, la femme ou son mari, même après le divorce prononcé, ne seront ni appelés ni reçus en témoignage; sans néanmoins que l'audition des personnes ci-dessus désignées puisse opérer la nullité, lorsque, soit le ministère public, soit la partie civile, soit le prévenu, ne se sont pas opposés à ce qu'elles soient entendues. (*Code d'instr. crim.*, 156.)

Les témoins qui ne satisferont pas à la citation pourront y être contraints par le tribunal, qui, à cet effet, et sur la réquisition du ministère public, prononcera, dans la même audience, sur le premier défaut, l'amende, et, en cas d'un second défaut, la contrainte par corps. (*Code d'instr. crim.*, 157.)

Le témoin ainsi condamné sur le premier défaut, et qui, sur la seconde citation, produira devant le tribunal des excuses légitimes, sur les conclusions du ministère public, pourra être déchargé de l'amende. Si le témoin n'est pas cité de nouveau, il pourra volontairement comparaître, par lui ou par un fondé de procuration spéciale, à l'audience suivante, pour présenter ses excuses et obtenir, s'il y a lieu, décharge de l'amende. (*Ibid.* 158.)

Les témoins amenés par la partie civile, le ministère public ou l'accusé, doivent prêter le serment exigé par l'art. 155 du code d'instruction criminelle, à peine de nullité. (*Cass.*, 8 août 1817.) Voy. *Instruction,* — *Preuve.*

TERRAIN PRÉPARÉ ou **ENSEMENCÉ.** — Passage. Ceux qui n'étant propriétaires ni usufruitiers, ni jouissant d'un terrain ou d'un droit de passage, ou qui n'étant agens ni préposés d'aucune de ces personnes, seront entrés ou aur*** passé sur ce terrain ou partie de ce terrain, s'il est préparé ou ensemencé, sont passibles d'amende de 1 à 5 francs. (*Code pénal, 471, n°. 13.*)

Si le terrain est chargé de grains en tuyaux, de raisins ou autres fruits mûrs ou voisins de la maturité, l'amende sera de 6 à 10 francs. (*Ibidem, 475, n° 9.*) Voy. *Bestiaux.*

TRIBUNAL DE POLICE. V. *Juges de paix, — Compétence, — Voie publique.*

VÉRIFICATION DES POIDS ET MESURES. Voy. *Poids.*

VISITE DES FOURS ET CHEMINÉES. Les maires ou adjoints seront tenus de faire, au moins une fois l'an, la visite des fours et cheminées, dans toutes les maisons et de tous les bâtimens éloignés de moins de 100 toises (200 mètres) d'autres habitations : ces visites seront préalablement annoncées huit jours d'avance. Après la visite, ils ordonneront la réparation ou la démolition des fours ou des cheminées qui se trouveront dans un état de délabrement qui pourrait occasionner un incendie ou d'autres accidens. (*Loi du 28 septembre 1791, titre 2, art. 9.*)

Ceux qui auraient négligé ou refusé de démolir ou réparer leurs fours ou cheminées sont passibles d'amende de 1 à 5 francs. (*Code pénal, 471, n° 1er.*) Voy. *Edifices.*

VOIE PUBLIQUE. Ceux qui auront négligé d'exécuter les réglemens ou arrêtés concernant la petite voierie sont passibles d'amende de 1 à 5 francs. (*Code pénal, 571, n° 5.*)

Ceux qui auront embarrassé la voie publique, en y déposant ou y laissant sans nécessité des matériaux ou des choses quelconques qui empêchent ou diminuent la liberté ou la sûreté du passage; ceux qui, en contravention aux lois et réglemens, auront négligé d'éclairer les matériaux par eux entre-

posés, ou les excavations par eux faite
dans les rues et places, sont passibles
d'amende de 1 à 5 francs. (*Ibid.* 471,
n° 4.)

La loi entend, par voies publiques,
les rues, places et carrefours des villes
et villages. (*Cass.*, 6 *juillet* 1809.)

Lorsqu'un particulier ne s'est pas
conformé à l'arrêté d'un maire qui fixe
l'alignement d'une rue, et qu'il a fait
des réparations autres que celles auto-
risées par ce magistrat, non-seulement
le tribunal de police doit le condamner
à l'amende, mais encore il doit ordonner la démolition des constructions
faites en contravention. (*Cass.*, 12 *avril*
1822; *Jour. du Pal.*, *tome* 65 *page* 253.)
Voy. *Chemins*, — *Animaux*, — *Actes
administratifs.*

VOITURIERS. Voy. *Charretiers*, —
Chevaux, — *Fêtes et dimanches.*

VOITURES. Voy. *Chevaux.*

VOLAILLES. Voy. *Bestiaux à l'abandon*; — *Pigeons.*

VOYAGEUR. — Passage. — Clôture.

Tout voyageur qui déclora un champ, pour se faire un passage dans sa route, paiera le dommage fait au propriétaire, et de plus une amende de trois journées de travail, à moins que le juge de paix du canton ne décide que le chemin public était impraticable, et alors le dommage et les frais de clôture seront à la charge de la commune. (*Loi du 28 septembre 1791, titre 2. art. 41.*)
V. *Charretiers*, — *Terrain*, — *Enclos*.

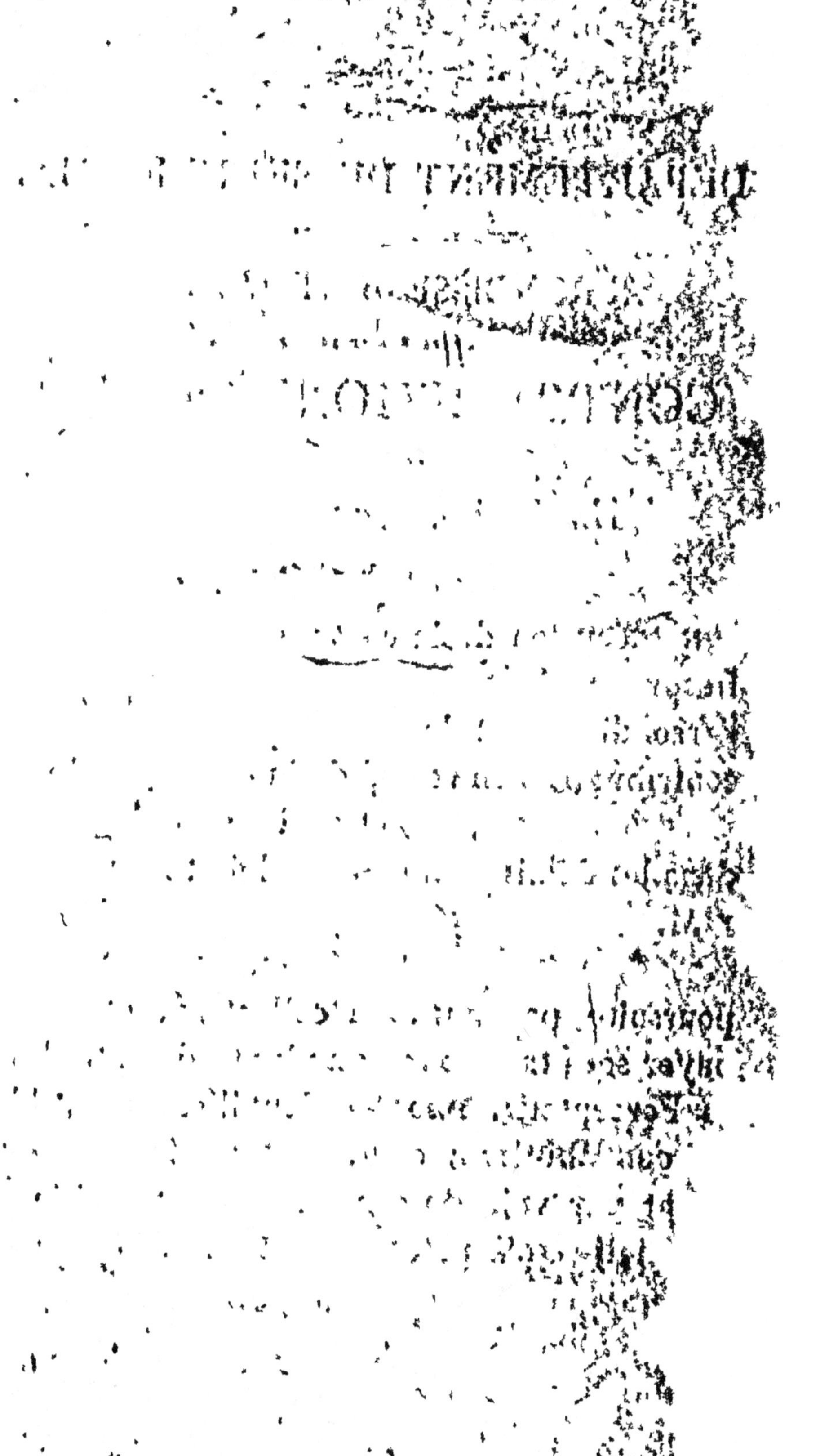

www.ingramcontent.com/pod-product-compliance
Lightning Source LLC
LaVergne TN
LVHW020541060726
842525LV00004B/1256